图 1 2003 年 11 月 13 日，“北京大学耶鲁大学日”合影。前排左起：牛大勇、金安平、郝平（北京大学副校长）、史景迁、章新胜（教育部副部长）、理查德·莱文（Richard C.Levin，耶鲁大学校长）、许智宏（北京大学校长）、琳达（Linda Lorimer，耶鲁大学副校长）、林久祥（北京大学副校长）

图 2 2014 年 3 月，史景迁、金安平夫妇与北大耶鲁交流项目博士生在中关新园合影

图 3 2017 年 6 月，史景迁夫妇与牛大勇教授合影

从北大到耶鲁

From
PEKING
UNIVERSITY

to

YALE
UNIVERSITY

牛大勇 高岳 主编

北京大学出版社
PEKING UNIVERSITY PRESS

图书在版编目(CIP)数据

从北大到耶鲁/牛大勇,高岳主编. —北京:北京大学出版社,2024.1
ISBN 978-7-301-34675-4

Ⅰ. ①从…　Ⅱ. ①牛…　②高…　Ⅲ. ①北京大学—国际教育—教育研究—文集　Ⅳ. ①G649.281-53

中国国家版本馆 CIP 数据核字(2023)第 231699 号

书　　　名	从北大到耶鲁 CONG BEIDA DAO YELU
著作责任者	牛大勇　高　岳　主编
责 任 编 辑	姚文海　张宇溪
标 准 书 号	ISBN 978-7-301-34675-4
出 版 发 行	北京大学出版社
地　　　址	北京市海淀区成府路 205 号　100871
网　　　址	http://www.pup.cn　　新浪微博:@北京大学出版社
电 子 邮 箱	zpup@pup.cn
电　　　话	邮购部 010-62752015　发行部 010-62750672 编辑部 021-62071998
印 刷 者	天津中印联印务有限公司
经 销 者	新华书店 720 毫米×1020 毫米　16 开本　18 印张　彩插 1　210 千字 2024 年 1 月第 1 版　2024 年 1 月第 1 次印刷
定　　　价	78.00 元

谨以此纪念文集

向史景迁教授、金安平教授和牛大勇教授

致以诚挚的谢意

向组织和支持北大—耶鲁博士研究生交流项目的

相关人员一并致谢

序：中美人文交流与合作培养的硕果

——纪念北京大学与耶鲁大学博士研究生交流项目

牛大勇

北京大学与耶鲁大学博士研究生交流项目，可能是北大文科迄今唯一的同世界一流大学保持了13年之久的培养最高人才博士生的国际合作项目。

2017年春节前的某天晚上，我在家中接到金安平老师从美国西港打来的电话。她很高兴地介绍了我们新派去的北大两位博士研究生在耶鲁报到后的情况，然后很委婉地征求我的意见：史景迁先生已经退休数年，她自己也要退休了，这个持续了十几年的项目，是否可以告一段落？我心里很清楚：这个项目得以维持至今，完全是他们夫妇全力操持的结果，经费来源也基本上是从史先生主持的东亚研究理事会支

图 1　牛大勇（右）与史景迁（左）2017 年夏于史宅“呦呦亭”合影

出的。史先生荣休之后，我已经做好项目可能结束的心理准备。这次接到金老师的电话，立即对她表达了充分的理解和衷心的感谢！她进一步和我商量怎样把这个意思通知北京大学的有关部门。我毫不犹豫地承担了这个可能令人为难的事情。

春季开学后，我向北大国际合作部和研究生院分别通报了这个消息。说实话，我对这个北大文科同世界一流大学保持了十几年之久的博士生访学项目，深感依依不舍。当初参与创建这个项目的国际合作部周曼丽副部长，也完全同感。她提议再从教育部的国际交流项目中设法维持这个合作关系，为此她积极地同教育部外事司和耶鲁大学国际合作办公室进行了联系。我也在北大研究生院资助下，去耶鲁大学看望这个项目访学的两位博士生，顺道和耶鲁大学有关部门磋商新的延续办法。终因制度安排上的困难，这个项目难以为继，宣告结束。

由此，我深刻体会到：史景迁、金安平夫妇对北大—耶鲁这个项目的独特贡献是无可替代的。“事在人为”，此即一例。

当我再度漫步在古朴的耶鲁校区，再次走入他们夫妇在西港花木深深的庭院，把盏忆旧，许多往事不禁涌上心头。

初识史景迁先生是1993年夏，他在华盛顿的约翰斯·霍普金斯大学高级国际关系学院（SAIS）进行学术讲演。恰好我在华盛顿的威尔逊国际学术中心做一年的访问学者，慕名去听讲。具体讲题已忘了，但他颀长的身材、丰富的表情、生动的语言，特别是那把连腮胡，给我留下了深刻印象。我们这代中国人可能都熟悉马克思头像。初见之下，我觉得他的相貌怎么有点像马克思啊。

我们还知道，在美国的“中国学”界，20世纪费正清、鲍大可、白鲁恂这一代大家之后，继之而起的中国近现代史研究“三杰”有史景迁、孔飞力、魏斐德。他们的中文姓名都是很有中国传统文化意涵的。史景迁就不用说了，孔飞力告诉我，他原来的中文姓名是“孔复礼”，恰于“文化大革命”后期“批林批孔运动”之时来华访问，中国人民大学的接待者一看这个名字，连说不好。无奈之下，他只好说：Well，这是你们的国家，你们说叫什么名字好吧？于是，被改成了“孔飞力”。他一直很遗憾，这么一改失去了中国古典意味。

“三杰”各有所长，但就著作丰硕、文笔优美、叙事生动、人物细腻、才思敏锐、影响巨大而论，史景迁无疑是佼佼者。当时我们这代中国青年学者躬逢改革开放，初沐欧风美雨，对这些国际名家十分仰慕，尤其是史景迁那独具特色的历史叙事风格，令我们这些习惯于用某种既定的概念和主义来理解历史、沉浸于把生动活泼的史事和人物写成一条条抽象观点的教材和论著的青年学人，眼界一新，骤然感觉：哇，历史原来还可以这样写啊！此后，我在美国东西两岸只要听说有“三杰”的讲座，都会赶去听。1998年，哈佛大学费正清研究中心邀请史景迁做学术报告，他讲的是曹寅家世与清初政治，考据之细致入微，又使我此前对他文辞精美的叙事风格有了另一番印象。

2003年11月，为促进与世界一流大学的交流，北京大学邀请耶鲁大学校长率代表团来访，举行“耶鲁大学日”。北大国际部具体负责此次活动的周曼丽问我：在耶鲁的文科学者中，应该邀请谁来？我说史景迁先生是耶鲁大学的头牌中国学家，当然首推邀请他。耶鲁校长和史先生都很愉快地接受了邀请。

主题大会后，耶鲁的各位学者分别到专业对口的各院系进行交流。我作为历史学系主任，14日下午，在北大二院主持了史先生的学术讲座。我知道偕行的史夫人金安平老师也是研究中国上古史的学者，其祖父乃是大名鼎鼎的史学前辈金毓黻先生。金老先生是1913年考入北大的本科生，1950年前后曾在北大文科研究所担任民国史研究室主任，在本系教授过东北史地和史学史课程。据当时给他做助教的田余庆先生说，金老先生是一位慈祥但说话很谨慎的老师。我感到很有必要介绍一下这段渊源。所

图 2　2003 年 11 月 13 日，“北京大学耶鲁大学日”合影。前排左起：牛大勇、金安平、郝平（北京大学副校长）、史景迁、章新胜（教育部副部长）、理查德·莱文（Richard C. Levin，耶鲁大学校长）、许智宏（北京大学校长）、琳达（Linda Lorimer，耶鲁大学副校长）、林久祥（北京大学副校长）

以，在讲座的开场致辞时，我首先说：今天我们很荣幸也很高兴，曾在我们系任教的老前辈金毓黻教授的孙女金安平女士，带着她的夫君史景迁先生回“老家”来了，为我们作这场学术报告。这一开场白，引起全场感叹，史先生夫妇也笑了。接着，我简要介绍了金毓黻教授的治学范围和金安平研究的课题，然后着重介绍了史景迁教授的学术成就。史景迁在北大历史学系的首场学术报告，就这样在“家人团聚”的气氛中开始了。

讲座结束，我陪史先生夫妇去勺园用餐。金老师对我说，我的那番介绍让她很感动，心里觉得应为这个“老家”做点什么。我当时对博士研究生的培养质量比较上心，觉得我们在这个最高

图 3　2003 年 11 月 14 日，史景迁教授在北大历史学系演讲

学位的人才培养方面，和世界先进水平有较大差距。所以，我就在席间向史先生探询，有无可能在耶鲁大学和北京大学之间建立某种历史学博士研究生的交流访学机制？例如，每年各自派两三名博士生，到对方大学访学一学期或一学年，双方互免学费，承担对方学生来访期间的食宿费用。金老师和周曼丽当场都对这个建议表示支持，史先生也愿认真考虑，并就细节问题和我交换了意见。

回到耶鲁大学后，史先生继续就此事和我保持联系，并同莱文校长、琳达副校长、查尔斯副教务长及东亚研究理事会会长等积极磋商，一致认为可以先从史学相关的学科开始，探索拓展两校间人文社会科学领域的研究生交流。他在做出巨大努力之后，

2004年11月3日，给我发来关于两校优秀博士生交流项目的建议，其中提到这个交流项目的参加者是和史学相关的人类学、艺术史、美国学、宗教学、现代文学、政治学等领域的优秀博士生。对于交流学生的人数、遴选条件、程序、待遇、访学期限等具体问题，也提出了具体的建议。这个项目将先试行3年，每年相互选派1—3人，访学一个学期。耶鲁根据本校学生宿舍的情况，从2005年春季学期开始接受北大选派的博士生。

接到这个建议之后，北大国际部和留学生办公室也对接待耶鲁大学的来访博士生做出了相应的安排。于是，就以史景迁先生的建议为基础，两校之间的史学博士生交流项目很快启动了。印象中，双方并没有签订什么正式的协议，完全是在默契的信任中办起了这样一个项目，而且一办就是十几年。

在选拔学生的程序上，我们尽量采用国际通行的跨学科跨院系地组织教授委员会进行遴选的办法，还请在校的外国学者加入遴选委员会。我作为项目的中方负责人，组织这个以相关专业教授为主的遴选委员会，对北大方面的申请人进行资料审核和面试。委员会每次由5人左右组成，先后参加过遴选委员会的教授有彭小瑜、朱庆之、贾庆国、朱青生、王希、李剑鸣、王立新、Michael Chapman、Enrico Fardella、陈长伟等。国际部和研究生院每次也都派人负责审核报名者的材料并参加面试。记得王勇、何峰、王硕、马岚等人都曾参与。

相关院系的前述各专业范围的博士研究生，看到国际部和研究生院网站上的选聘通知后，踊跃报名。委员会对申请人的英文和专业水平进行认真的考察和面试，坚持学术标准，注重学术资

图 4　遴选委员会面试场景　右排右起：牛大勇、Michael Chapman、李剑鸣、彭小瑜等

质。面试结束后，委员会把集体形成的推荐意见，连同所有报名者提交的材料，都发送给耶鲁方面。耶鲁一般是按照北大委员会的推荐意见来录取交换生的，但有时也会根据耶鲁大学教授和专业资源的情况，把北大委员会推荐的人选换成排名虽然靠后但研究方向更适于耶鲁当年培养需要的报名者。这种情况一旦发生，金安平老师都会亲自打电话给我解释，我也会尽力给委员们解释。有时会有个别委员对此难以理解，但录取的最后决定权毕竟应该还是在耶鲁大学。

最初，耶鲁大学也曾选派过两三位博士研究生来北京大学进修，有的还帮助我们开过很活跃的研讨课。但后来对方就基本上不再派人来了。我想，归根到底，可能还是双方在满足对方的需求方面有差距。可是，在这种情况下，史先生夫妇还能把这个项目坚持维护了十几年之久，真是难能可贵。这实际上成了北京大学单方面受益的项目。

从2005年1月至2017年7月，北大方面先后派去了13届共29名博士研究生，专业领域分布于历史学系、中文系、外语学院、哲学系、国际关系学院、政府管理学院、社会学系、法学院等院系的世界史、中国史、哲学史、宗教史、科技史、政治思想史、文学史、社会学、艺术史、法制史等领域。这些研究生普遍反映这个项目对提高他们的培养质量产生了良好效果，对他们提高学位论文水平有重大影响，对北京大学人文学科借鉴美国博士人才的培养模式，学习国外经验，改进研究生培养机制，起到了明显的推动作用。进修归来后，他们都提交了总结报告。

具体而言，令他们感受深刻的效益体现在以下几个方面：

一、在专业研究方面得到耶鲁名师的科学指导和严谨训练，在学术上增长了见识，开阔了视野，提高了创新能力。他们普遍认为，该校研讨班（seminars）式的课程，对他们帮助最大。通过这种系统而密集的阅读，多元视角的讨论，活跃的课堂参与，以及主讲教授的高水平指导，自己体验了耶鲁卓越的研究生教育。一些同学特别注意到：教授对学术史和方法论着力尤深，不允许在这些方面有丝毫的懈怠。他们还感受到耶鲁课堂上国际化与多元化的气氛，来自不同国度、文化和知识背景的学生进行着热烈的思想交流和碰撞。由于这种类型和水准的研讨班课程当时在北大还不多见，同学们也由此认识到母校在研究生教育培养上需要做的改革。

二、耶鲁大学雄厚的学术资源为博士生提高论文写作质量提供了便利的条件。前往耶鲁的北大学生的研究方向，基本上都与美国或者西方历史文化有密切关系，北京大学和国内其他学术机构这方面的文献资料比较少。这个交流项目为我校博士生收集论文资料创造了大好机会。耶鲁大学图书馆不独藏书极为丰富，而且有国际联网、馆际互借等异常的便利和周到的服务。尽管同学们进修的时间仅一个学期，但都收集到了学位论文所需要的原始资料和参考论著，为回国后完成论文打下了坚实的基础。大多数同学也利用各种机会访问耶鲁以外的档案馆，甚至实地考察与自己研究对象有关的地区、城市和组织，向美国其他学校相关学者进行请教。还有机会参加了亚洲研究会等学术组织的活动。同学们对所有指导帮助过他们的美国老师和同学们抱有诚挚的谢意。

三、与美国学者、学生以及社会的直接接触，使北大博士生对美国历史、文化与社会有了实际认知。北大学生在赴美以前，对美国的认识完全是从书本上得来的，难免有一些公式化和概念化。这个交流项目，使他们得以直接感受美国大学的校园文化，走入美国社会，结识许多美国朋友，增进了与美国师生和人民的友谊。在史景迁教授和金安平老师的具体指导帮助下，同学们积极投入耶鲁的校园生活，参加众多的讲座、讨论会、音乐会、电影和体育比赛等活动，增加了对美国文化和社会的了解。在全球化的今天，通过亲身实践来了解美国文化和美国人民，是增进中美人民友谊的必要途径。

四、在项目初期来北大的耶鲁大学博士生，也对北大做出了有益的贡献。耶鲁历史学系的博士候选人鲁乐汉（John Delury）即为一例。他在北大历史学系进修期间与中国同学进行了密切的学术交流，积极参与了历史学系世界史专业的课程改革，获得学

图 5　史景迁（左）与牛大勇（右）2012 年 10 月合影

生赠送的“亦师亦友”一面锦旗。他协助世界史专业的老师设计了三门课程：外文原版教材阅读指导（3 学时，3 学分）、外文历史文选阅读指导（3 学时，2 学分）、外文历史文献选读（3 学时，2 学分）。他不计报酬，主动承担了历史学系的一门研究生课程，并结合自己的教学经验，与彭小瑜教授一起发起延聘耶鲁大学和哈佛大学在北大研修的博士生参与教学的项目（US PhD Student Mentor Teaching Program）。该项目于 2007 年春季学期聘请哈佛大学博士候选人 Rod Campbell，担任外文历史文选阅读指导课的任课老师。鲁乐汉和 Campbell 的课程受到北大学生的欢迎，使同学们体验到一流大学的教学方法。

最令北大派赴耶鲁进修的这批学生感动的是，史先生夫妇从学业到生活给予他们亲切的关怀和照顾。他们初次踏上异国的土地，往往意外地得到史先生亲自迎接，甚至驾车送他们到住处。安顿下来后，史先生夫妇又带着他们熟悉图书馆和耶鲁大学的教育设施，拜访指导教授。进修期间，他们也常常被请到史先生家中做客，真正使他们感受到家人般的温暖。

在这一时期，我曾经数次邀请史先生夫妇来北京大学进行学术讲座或参加论坛。大概因为年龄缘故，史先生往往要求在研究生和学者的小范围内进行座谈或讲座，不举行大规模的演讲。我们尽量按他的意见安排，但有时候消息传开，大批的校内外听众

图 6　史景迁先生与北大研究生小范围座谈

图7　聆听史景迁学术报告的同学们

慕名而至，我们原来准备的研讨型小教室根本容不下，只好一换再换，换到教学楼里最大的阶梯教室，仍然人满为患，过道和讲台上都坐满了听众。碰到这种情况，史先生对于主办者的无奈总是给予宽容的谅解。

2014年2月底3月初，史景迁、金安平夫妇又一次来北大历史学系进行学术访问。除了讲座之类的安排之外，我特意邀请参加过这个交流项目的同学前来和他们欢聚。有些同学尽管已经毕业到校外工作了，仍然从四面八方赶来。大家在中关新园的一家餐厅，怀着感恩和忆旧的心情，欢聚一堂，畅谈往事和近况。面对简单的菜肴，身处亲切的气氛，他们夫妇看到自己尽心培养的中国博士生们成长起来，心情显然是快乐的。这是大家都难忘的一次聚会。

这个从2003年开始延续至2017年的北大—耶鲁史学优秀研究生交流项目持续了13届之久，终告落幕。但它所播下的知识种子，已经生根发芽，所体现的跨国人文交流的精神还会继续传扬。有幸参与这个项目的中方博士研究生，无论从事什么工作，都把从耶鲁进修中获得的教益化作自己的文化财富，把这段经历看作自己人生的一个加油站。对他们来说，时间虽短，然受益终身。从他们撰写的这些纪念文章中，人们可以深刻地体会到他们的怀恋和感恩。

图8　2014年3月，史景迁、金安平夫妇与北大耶鲁交流项目博士生在中关新园合影

我和他们一样，把自己最诚挚的谢忱，献给为这个项目作出贡献的各位北大教师、国际合作部和研究生院的有关领导和同事，也献给耶鲁大学的相关人士，特别是史景迁、金安平夫妇！

就在准备出版这部纪念文集之际，噩耗传来，史景迁先生不幸于2021年12月25日（当地时间）在家中去世了。我们闻之不胜哀悼！这是一位以研究近代中国而享誉世界的杰出史家，也是史学新文体的开拓者。他善于以“人”为视点，聚焦于各种人物的经历和命运，透视一个时代的政治、社会、制度、文化、经济、军事等层面的内在联系和复杂历史。他著作等身，文辞优美，叙事生动，考据严密，为中国历史的跨国理解与传播做出了卓越贡献。作为英语世界的“中国学”名师、耶鲁大学的荣誉教授，他大力推动了中美民间的人文交流，也是北京大学诸多师生的良师益友。我们谨以这本纪念文集，感谢史先生、金老师的宝贵帮助，分享我们终生难忘的美好时光，寄托我们对史先生的深切哀思！

牛大勇

2021年12月27日

CONTENTS

目　录

耶鲁访学散记

| 陈长伟 | 历史学博士，2005 年北大—耶鲁博士研究生交流项目参与者，现任教于北京大学国际关系学院

2018 年 5 月 4 日，北京大学迎来第 120 个华诞。自 1998 年北京大学百周年纪念以来，二十年间，北大取得了长足发展。二十年来，北大变化最大的恐怕当属她日益加快的国际化步伐。越来越多来自世界各地的学子来北大留学，北大许多院系也开设以英文为授课语言的项目，北大和国际上许多高校之间建立越来越广泛的交流交换项目。北大与其他世界名校之间所建立的密切联系令众多学子受益，但是在林林总总的交流交换项目中，持续十三年之久的耶鲁—北大博士生交流项目或许是最独特的。

这一切肇始于 2003 年 11 月，由耶鲁大学校长理查德·莱文率领的耶鲁代表团访问北京大学，并在北大校园成功举办了“耶鲁日”活动。在此期间，两校开始探索一项新的研究生交流项目，意向是每年派遣一到两名耶鲁博士生和两名与历史学相关的

北大文科博士生前往对方学校进行一个学期的交流。这个倡议获得北大和耶鲁两校的积极支持。在耶鲁方面，著名的汉学家史景迁教授和金安平老师是该项目的主要发起人和主持者，并亲力亲为积极推动该项目的落实。

我当时为北大历史系的二年级博士生，和同班同学彭琦十分幸运地被一个跨学科委员会选为该项目第一批赴耶鲁大学的交换生。我们是 2004 年通过博士资格考试和开题报告后，下半年报名参加该项目的面试选拔，从各院系报名的多名竞争者中被选中的，实属幸运。2005 年 1 月派出，在耶鲁大学的校园度过了那年的春季学期，6 月回国。如今提笔回忆，真是一段令人难忘的奇特经历。

那是我人生中第一次走出国门，我对此格外重视，以至于我几乎是在获得被该项目录取的消息之后就开始筹划准备这次跨越太平洋之旅。我上网搜集有关耶鲁生活的各种资料，检索电子地图，甚至找到了一份耶鲁大学的学生会为中国学生编写的《耶鲁新生生活指南（2004 年版）》。临行之前，金安平老师还专程为我们的交换事宜来一趟北京，给我们交代了种种注意事项，并且带来了一本厚厚的耶鲁研究生的课程手册，我反复翻阅，寻找自己感兴趣的课。总之，我似乎把赴美访问当成了一堂重要的新课，把能预习的都预习了。

然而，准备工作中最具挑战性的无疑是申请美国的签证。2004 年末，“9·11”恐怖袭击的阴云仍然笼罩在美国上空，申请赴美签证难上加难。打电话约好了面签的时间，准备好各种表格和材料，我终于发现自己得以站在美国驻华使馆签证大厅的一列9人的队伍当中了。记得申请不同签证类型的人手里拿着不同颜色的号牌，静静等待着面试官的询问。我站在队伍的末端，不经意间能听见我之前的签证申请者和签证官的对话。声音虽然不大，却很清晰。我一次又一次听到签证官对那些申请者重复道："您的签证申请未被批准"。轮到我的时候，却幸运地过了这一关，或许是因为我递交的材料中附有一封史景迁教授写的支持信。这封信如同他的学术作品一样，透露出精雕细琢的思想文化之美感，即使签证官没有读过《追寻现代中国》等书，至少也能体会到史先生文字之中所蕴含的那份殷切之情吧！

我于2005年1月14日下午5点左右抵达耶鲁大学所在的小城纽黑文市，极为惊讶地发现在公寓门口迎接我和彭琦的就是大名鼎鼎的史景迁教授。我们从出租车下来时，他刚在路边停好车。见到我们，立即摘掉皮手套和我们握手，连声说："Welcome to Yale!"这是何等的优遇呀！就在前不久，史先生在北大历史学系讲座，二院108会议室被上百人挤得满满当当。我费了很大劲才在门边上占了一道缝隙。虽然从我站立的位置到史先生的讲台，近在咫尺，但在我这后辈晚学眼里，这位史学大师仍是遥不可及。这不仅仅是因为我们之间隔着厚厚的人墙，还是史先生学问之精深、行文之优雅也令人感到可望而不可即。初抵耶鲁的那一刻，我立即明白了这次交流机会对我的巨大意义。正是由于北大与耶鲁的这个交换项目，我才得以近距离地向包括史先生在内的名家大师们学习。

我被安置在中央校区核心32号大街的一间宽敞公寓里。在将近半年的时间里我的联系地址是"Apt 108，32 High St，New

Haven，06510”。房间位于一层，略显阴暗与陈旧，冷暖空调开启之时发出直升机般的轰鸣声，楼道的电梯的门是需要用力才能拉开的铁栅栏，而且运行速度比步行上楼似乎快不了多少，但公寓的地理位置极佳，步行几分钟就能到校园中心的斯特林纪念图书馆，这一点尤其让人感到满意。

我在耶鲁总共选了三门研究生的课，分别是约翰·迪莫斯（John Demos）教授的“早期美国史”（“HIST 704b Early American History”），贝弗莉·盖奇（Beverly Gage）教授的“美国保守主义”（“HIST 748b American Conservatism”），以及约翰·加

图1　作者（右）和访学期间的指导老师约翰·加迪斯教授（左）合影

迪斯（John Gaddis）、保罗·肯尼迪（Paul Kennedy）和查尔斯·希尔（Charles Hill）一起主持的“大战略研究”（“HIST 985b Studies in Grand Strategy”），这三门研究生的课程均为研讨式课程，课程规模最大的是“大战略研究”，大概 25 人，选课学生最少的是“早期美国史”，不到 10 名学生。此外，我还全程旁听了史景迁教授开的本科生课程“中国近代史”（“HIST 316b History of Modern China”）。

迪莫斯是一位接近退休年龄的老教授，为人和蔼可亲，授课一丝不苟。作为美国的“古代史”课程，该课讨论的范围颇广，涉及各个主要英属殖民地政治经济状况，除了文献史料之外，他注重实物考证。我记得有一回上课，他拎着一把斧头进来了，说这是美国殖民地时期某位先民砍伐树木之原物，然后他就从该斧头开始引导对当时经济与社会进行讨论。这把斧头立即让我想起了梭罗和他的《瓦尔登湖》。1845 年，梭罗只身一人，只带了一把斧头，到瓦尔登湖畔建了一间小木屋，独居了两年零两个月。斧头是他与蛮荒世界对话的唯一工具。一百多年后，斧头成了后世学者解锁那段历史的钥匙。

盖奇是一位年轻的助理教授，颇受学生欢迎。她所教授的“美国保守主义”是一门颇为应景的课程。美国发动伊拉克战争后，对小布什政府的外交政策的思想基础新保守主义进行追根溯源是当时美国学界的研究热点。选课学生很活跃，十几个学生围坐在大方桌四周，从里根和撒切尔时期西方世界的资本主义保守主义思潮，到耶鲁校友小布什的新保守主义信条，进行追根刨底的讨论。

“大战略研究”则是一门很特殊的课程，与其说是一门课，

图 2 作者和“早期美国史”课程的授课老师约翰·加迪斯教授以及选课同学合影

还不如将之视为耶鲁的领导力培训项目。这不仅因为主持该课的三名教授均以研究战略而著称（希尔是前外交官，曾任舒尔茨国务卿的助手），该课的培养对象也是在耶鲁学生中优中选优的。和其他研究生课程不一样的是，学生并不可以自由选修该课。上课的学生是本人申请，经推荐、选拔的程序而被接纳的。课程也横跨春季、暑期和秋季。春季学期学生参与讨论历史上主要战略家的战略思想（从中国的孙子到冷战末期的里根），暑期所有的选课学生均会奔赴美国各地实习实践（从白宫到阿富汗的反恐前沿阵地），秋季学生返校后则进入各种当代问题（环境、反恐等各种热门话题）的探讨。课程最后，学生除了提交学习报告之外，还需要参与一场应对国家危机的模拟仿真实验，分别扮演美国政府相关部门领导者的角色，如总统、国务卿和中情局局长等。贯穿这整个过程的是和美国各种当代战略家的互动，包括有一次上课铃声一响，从教室外头走进来的竟是颤颤巍巍的前国务卿基辛格。另外一次给我留下深刻印象的是2005年2月14日情人节那天，课程正在进行中，忽然两位不选课的女生推门而入，给正在主持研讨会的三位教授每人送了一朵玫瑰花，然后对着全班同学高歌一曲，扬长而去。加迪斯教授等人丝毫没有被打搅的烦恼，而是很自然地将玫瑰花插到胸前口袋里，继续回到美国奠基者大战略的讨论中。

在课程学习之外，我多数的时间是在耶鲁的图书馆度过的。由于身负着撰写博士学位论文的任务，我不断地查阅各种资料，并在学期结束之后去了一趟位于得克萨斯州的约翰逊总统图书馆，并赴华盛顿参加美国对外关系论坛。总之，从学业的角度，在耶鲁一个学期，收获颇丰。但是最深刻的感触，还是抵达美国之后对中美教育之差异的直观感受。

尽管耶鲁与北大建校于不同年代，又分处于大洋两岸，但要找到二者的共同点似乎并不难。作为一个初来乍到的中国交换生，我时常被人问到这样一个问题：耶鲁给你的最大惊喜是什么？我的回答多少有些出人意料：耶鲁给我的最大惊喜就是没有惊喜。实际上，耶鲁和北大的确有很多相似之处：两所学校都在本国享有盛誉，都拥有众多高素质人才，两国最优秀的青年才俊云集此地，共同追寻着真理之光。在我看来，在一定程度上，耶鲁就是一所美国版的北京大学。

在校园建设方面，两所大学都拥有各自引以为傲的建筑风格，置身其中会让人产生强烈的怀旧之情。高耸入云的哈克尼斯塔向人们诉说着遥远的中世纪，在那里真理的光芒终于将黑暗驱散。而漫步于未名湖畔，你又很容易将熙来攘往的现代北京城抛诸脑后，追寻着民主与科学。

除了传统意义上的相通之处，耶鲁和北大还通过更直接和具体的方式联系在一起。除了博士层次的交流项目外，两校还为本科生搭建起沟通的桥梁。自 2006 年以来，每年约有 20 名耶鲁大学的本科生在北大学习（让人遗憾的是该项目仅运行几年就终止）。得益于这些广泛的联系，耶鲁已经成为北大学子最熟悉的海外大学之一。他们不仅可以在耶鲁学习各学科的前沿成果，而且能以一种更直观的方式体验这座世界名校。夏天的北大校园还经常可见身穿印着 YALE 字样 T 恤衫的学生在各处游荡，很明显他们多数是一些或长或短地在耶鲁待过的学生。

至于两校间的真正区别，则需要从教育哲学和教学风格等微妙之处把握。若要评论两校教育系统的差异，受益于交流项目的学生或许更有发言权。在我看来，两者最大的不同体现在培养文科研究生的方法上，历史学就是一个典型例子（鉴于我的人文学科背景，在此不便评价理学与工学）。另一个不同点在于研究生培养方案的总体设计上。在北大乃至所有中国高校，大多数文科的研究生课程被分成硕士和博士两个阶段。对于中国学生来说，如果想攻读博士学位，那就必须完成硕士阶段的学习。相比之下，在耶鲁大学并非所有学科都提供硕士课程，而硕士学位也不是进入博士阶段的先决条件。此外，两校博士培养方案中的学术训练时间也有很大差异：攻读耶鲁大学历史学博士学位至少需要六年时间，而在北大同样的学位平均只需要三到四年。在中国学士、硕士、博士是一种从低到高的递进关系。然而，在美国（至少在耶鲁），可以不经过硕士就从学士直接进入博士学习。博士与硕士之间的类别色彩甚于层级区分，硕士有点类似于学术生涯的“开胃小菜”。有些人本科毕业之后不太肯定将人生中五至九年的黄金年华用于攻读某个方向的博士学位是否值得，那么就先读个硕士试试，这未尝不是一个好的安排。然而，这种差别可能会给参加交流项目的北大博士生带来巨大的挑战，他们必须克服接二连三的难题：理解深奥的课程，独自开展研究，以及必须在四个月内熟悉一套全新的教育系统。

我所观察到的另一个明显区别体现在耶鲁和北大对学生批判性思维能力的训练上。耶鲁大学的大多数研究生课程是以研讨班的方式进行，它的一大特色就是毫不留情地质疑和批判。在研讨会上，老师们会要求学生以口头或书面形式对既有观点提出有根有据的质疑。为此，学生需要学习如何批判性地阅读、倾听和表达。例如，在某次历史专业的研讨会上，学生们需要将所有的历史文献（无论重要的还是次要的）进行仔细核查，同时还需要探讨以下问题：文献的来源是什么？它的作者是谁？文献产生的缘由是什么？作者有何偏见？作者希望写给谁？为什么这样写？是否有与作者观点相左的证据可以被保留？类似的问题还有很多。北大学子身上承载着中华本土智慧，并心怀敢为天下先的奉献精神，但他们没有经过此类学术训练以培养自身批判性思维的能力。在北大的很多课堂上，学生们没有获得太多的正面鼓励去坚持独立思考，质疑同学与师长的观点，最终也就无法将自己的独到见解倾注到研究中，呈现在成果上。

上述差异只是希望强调耶鲁—北大交流项目的重要性：不仅参与该项目的学生受益良多，而且教员也从中收获了新的教学与管理理念（尤其是北京大学）。最直观的结果就是越来越多的学生在本科毕业后直接进入了博士阶段的学习。与此同时，北京大学也将研讨式教学引入到更多的课程中。

我相信每一位从耶鲁—北大交流项目中收获成长的同学都会讲述一个相似的故事：正是在图书馆、研讨会以及校档案馆度过的时光锻造了我们的科研能力，并最终帮助我们完成论文获得博

图 3　2005 年 6 月，作者赴华盛顿参加美中关系委员会组织的 Foreign Policy Colloquium 和同一组的中国同学们一起访问国家安全委员会

士学位。尤其难得的是自己亲身感受了一个真实的美国，真切体验了一所顶级学府，这一切已成为我最珍贵的记忆。道一声感谢已无法表达我对这次交流机会的感激，更无法传递我对两校促成该项目的所有老师最由衷的敬意。时至今日，这段学习经历仍是我个人继续进步的不竭动力。

2021年12月27日，一个普通的星期一早晨。我刚到达办公室，准备开始应对一周繁忙的日程，忽然在微信上看到史景迁先生于美国时间圣诞节当日去世的消息，顿时震惊不已。从2014年3月在北京最后一次见到史先生开始，我一直怀着将来某个时刻去耶鲁旧地重游再次拜会先生夫妇的愿望。自新冠病毒感染疫情暴发以来，心里不时挂念远在美国的先生伉俪，我一直盼着能有一日再次坐到先生家后院“呦呦亭”和他们畅叙，聊聊当下的中美关系或曾经肆虐的疫情，甚至和先生再度神游他笔下的康熙、曹寅或者王氏。谁知史先生竟然会在2021年北京最寒冷的一个冬日驾鹤西去了！

记得2005年1月，我初抵耶鲁之时也是一个寒冷冬日。刚开学的几周，小城纽黑文时不时被大雪覆盖。开学后不久，史先生和金老师邀请我去他们家做客。我在他们家用了晚餐并畅叙到很晚才告辞。史先生和金老师开车送我回位于耶鲁校园的寓所。在皎洁的月光中，汽车沿着公路穿行一片树叶稀疏的森林，车窗外传来一阵我不知道名字的鸟儿的叫声，史先生用他一贯缓慢悠长的语调自语道：“Spring is coming.”的确，当2005年北大和耶鲁的文科博士生交换项目启动之时，我不时有一种春天即将到来的感觉。虽然项目启动之初并非完全一帆风顺，但是不仅两校博士生之间的交流项目坚持了下来，耶鲁甚至开始尝试每年派一批

20名左右的本科生来北大学习一个学期。虽然这个本科生的交流项目为期不久就告终止，令人遗憾，不过两校之间各种层面的交流却在深化。记得2005年后有一段时间，不同学科的耶鲁教授频繁访问北大，举办讲座。从人文互动、校际交流到两国关系，一切都似乎在朝着好的方向发展。就我当时所从事的冷战时期中美关系研究而言，美国在持续不断地公布解密档案，中国外交部也开始公布一批有关五六十年代中国外交的档案材料。对一个刚开始从事学术研究的博士生而言，一个充满希望的世界正在召唤。

图4　2007年6月，史景迁、金安平夫妇与北大历史学系的同学在北京相聚

在耶鲁访学的日子

| 彭　琦 |　历史学博士，2005 年北大—耶鲁博士研究生交流项目参与者，现任职于中国社会科学院美国研究所

2005 年 1 月至 5 月，我有幸参加北京大学历史学系与耶鲁大学历史学系之间的交流项目，在耶鲁大学访学了一个学期，收获甚多。耶鲁大学位于美国东海岸的康涅狄格州纽黑文市，濒临大西洋，气候湿润，风景如画。校园主要景区由一片古老的哥特式建筑构成。由于我在纽黑文的大部分时间都是冬天，看惯了塔尖的白雪，听熟了日暮的钟声，直到 5 月才迎来如锦的春季和初夏。

这个交流项目主要由耶鲁的史景迁教授及其夫人金安平老师负责，两位知名学者给予的诸多帮助，令我深怀感激。记得我到美国的第一天，从纽约肯尼迪机场乘坐校方安排的出租车直接驶往纽黑文的公寓，没想到站在公寓门口等候的竟然是大名鼎鼎的史景迁教授，就为了把房间钥匙交给从北大来的学生！在后来的

图 1　作者于米尔河边

日子里，史教授夫妇从生活到学习都给了我无微不至的照顾，既像长辈又像好友，史先生的睿智、金老师的善良让我终生难忘。

我在北大的专业是世界史学科的教会史方向，主要研究美国宗教史。因此，在提交研究计划的时候，我申请了耶鲁大学历史学系以美国宗教史见长的 Jon Butler 教授指导。在金老师的推荐下，我旁听了三门课程，跟耶鲁普通研究生一个学期应当完成的学习任务相当，也算切身体验了这所举世闻名的大学的学生生活。这三门课程分别是美国早期历史阅读、20 世纪美国保守主义和美国历史研讨会。耶鲁历史学系的研究生课程讲授地点很集中，课堂上大家围坐方桌，师生一起侃侃而谈，当然事先要做充分的阅读准备，每周至少有四本书的阅读量。

讲授美国早期历史阅读的约翰·迪莫斯教授是位非常风趣的老学者，阅读面极广，注重方法论的引导，在他的课上我能切实体会到历史学与社会学、生态学、人类学、宗教学等学科的紧密结合。教授经常会带一些收藏品到课堂，如美国殖民地时期的斧头、织物、油灯、杯盏等，现身说法，生动异常。教授对早期新英格兰清教精神的理解也与众不同，给我这个研究美国宗教的外国学生很多启发。美国学生私下也流传着许多关于教授的传奇故事，对其人品与学问相当佩服。

讲授20世纪美国保守主义的贝弗莉·盖奇是一位年轻漂亮的女教师，刚到耶鲁执教，热情活泼，思维敏锐。原本我在国内研究美国保守主义时阅读的资料多为保守派人士执笔，形成了一些先入之见，不想耶鲁却是美国自由主义的大本营，之所以开设这门课程就是想弄清楚保守主义神秘的来龙去脉，于是在热烈的课堂讨论当中，我有幸见识到自由派人士对保守主义的辛辣抨击，从侧面为我的博士学位论文研究提供了丰富的思想背景。

至于我的临时导师Jon Butler教授开设的则是一门research seminar，七八个选课的学生各自选择美国历史的某个方面做一篇学术论文。总的来说，美国学生还是热衷于做社会史，尤其是与民权运动相关的领域，而从课后我与一些美国学生的交谈当中也体会到，种族矛盾至今仍是美国社会的一大顽疾，国内在这一块的研究相对匮乏。在课上我也借机跟教授讨论了我的博士学位论文选题，教授给我不少中肯的建议，还细心修改了我的英语论文，唯一可惜的是他身为人文学科研究生院院长，公务缠身，没有太多时间跟我详细讨论论文结构。

在耶鲁这几个月，印象最深的还是图书馆，除了休息我的绝大部分时间都是在图书馆度过。耶鲁的藏书之丰富让人叹为观止，尤其在我最关心的美国宗教史方面，解决了我长久以来只闻其名不见其书的烦恼。当然，还有很多珍贵的善本、手稿和档案，数据库应有尽有而且还在不断扩充。图书馆的服务之周全更让人赞不绝口。不论馆藏在耶鲁的哪个角落，只要在网上提交一个申请，很快就能送到离读者最近的大台，并用电子邮件通知领取。倘若本校没有的书籍，只要美国境内的图书馆有收藏并且允许外借，同样只要在网上提交一个申请，就能在承诺的工作日内送到指定大台，而且全程免费。至于图书馆的硬件设施更是不在话下，每每坐在宽敞的阅览室中，仰望着装饰成教堂风格的古老大厅，三三两两的各种发色的学生穿梭其间，我总是难免有所感慨。

除了图书馆，耶鲁的很多博物馆、艺术馆、展览馆也对公众开放，众多的剧院和音乐厅烘托着浓厚的文化氛围。校园周围散落着各个教派的教堂，每个周末我都会到不同的教堂体验与观摩，也结识了不少热情善良的美国朋友。耶鲁的文科研究生当中，来自亚洲的以台湾同胞居多，大陆来的学生绝大多数都在医学院和理科方向，学文科的少之又少，不能不说是个遗憾。其实耶鲁以其思路开放胸襟广阔闻名，对中华文明感兴趣的也大有人在，在校史展上总能看到耶鲁第一个中国学生容闳的画像。这段经历就像一段美妙的梦境，纯净而灿烂，但愿以后还能有机会故地重游。

我的耶鲁记忆

| 张善鹏 | 历史学博士，2006 年北大—耶鲁博士研究生交流项目参与者，现任教于北京语言大学国际关系学院

走进耶鲁

我与耶鲁结缘，首先要感谢耶鲁大学历史系的金安平老师。金老师是国际汉学界的资深学者，平时除了忙于耶鲁的工作，还经常穿梭于中美之间，为两地的学术交流与合作热心奔忙。2004 年 10 月，金老师来北大接洽第一批参加北大—耶鲁交流项目的博士生。我当时刚被录取为北大历史学系的博士生，初闻两校开启合作项目，心中很是向往，于是向金老师表达了这个愿望。金老师向我介绍了该项目的一些情况，鼓励我来年报考。2005 年 10 月，通过几轮考试，我被录取了。作为这一项目的第二批学员，我有幸于 2006 年 1 月飞赴耶鲁，走进这所世界著名的高等学府。

初到美国，多亏金老师的“地主之谊”，消除了我在异国他乡的怯意。长这么大，我第一次走出国门，就跑到了万里之遥的美国。在这个陌生的国度，人生地不熟，我心里真是有点惴惴不安。不过，金老师的悉心照顾很快打消了这个顾虑。刚出肯尼迪机场，就看到耶鲁派来的司机举着写有我名字的牌子在出口等候。然后，我们直接驱车到达耶鲁专门接待访问学者的剑桥牛津公寓。金老师早已在公寓等候。她担心我初来乍到，不习惯美国的水土，特地买了不少中餐食品，储备在公寓的冰箱里。令我感动的是，金老师考虑到我自己做饭可能不习惯用美式厨具，还特地送给我一把中式菜刀。后来证明这把菜刀太有用了，因为美国的菜刀在我们看来简直就是水果刀，用来切菜实在太费劲了。

为了让我尽快熟悉耶鲁的情况，金老师联系了一位中国留学生对我提供咨询。在她们的帮助下，我很快熟悉了耶鲁的校园，开始逐渐融入耶鲁这个大家庭。

融入耶鲁

抵达耶鲁的第二天，适逢新学期开学，我必须马上熟悉学校的环境。我专攻的是美国建国时期历史。在这一领域，耶鲁的学术资源非常丰富，我得在最短的时间内最大限度地加以利用。多亏金老师她们对我的帮助，我迅速找到了接触这些资源的途径。在金老师的指导下，我选修了几门美国早期史的精品课程，这些课程的主讲人都是享誉世界的知名学者。耶鲁东亚中心工作的北

图 1 耶鲁校园的钟楼

大校友杨涛师兄帮助我尽快掌握了耶鲁图书馆的借阅诀窍，就读于耶鲁东亚系的博士候选人黄虹雨女士则热心地帮我熟识了当地华人经营的餐饮和购物机构。在她们的关照下，我开始很快融入耶鲁。

耶鲁的课堂不但以其高深闻名，而且还以开放和活跃著称。走进耶鲁的教室，我很快就感受到了这些精彩之处。耶鲁历史学系的教授不但学识渊博，而且研究问题的独特视角也令人叹服。若以我们“史学三长”的标准而言，他们都是集才、学、识于一身的大家。有一次，在美洲早期史的课堂上，我们一起分析一幅殖民地时期一个混血家庭的油画。同学们从种族融合、文艺进步、家庭变迁的角度发表了各自的看法。这时，约翰·迪莫斯教授给我们提出一个问题：在当时的殖民地，谁会请人画这么一幅画挂在自家客厅呢？这句话立即在课堂上引起热烈的讨论。这样，一堂课下来，大家就能分享许多不同的观点。习惯了国内满堂灌式教育的我在这种课堂上感到耳目一新，过去那种讨论的欲望被释放出来，激励着自己调动一切潜能去发表意见并应对批评。每周几次讨论课过后，我总能从老师和同学那里收获不少东西。

耶鲁师生交流学术的场所并不局限于课堂。在校园的咖啡厅、酒吧和餐馆，都可以看到他们热烈讨论的身影。我初到耶鲁，学识和人脉都很有限，所以大部分时间都泡在图书馆搜集资料埋头苦读。有一天，我在美国早期史的专题阅览室看书，正好遇到泰勒·斯宾塞同学也在那里查资料。泰勒专攻美国劳工史，是耶鲁历史系一年级研究生会的主席。他看到我这样闭门造车，就建议我多和同学交流，少点“个人主义”，多搞“集体主义”（用他们的话说是“社群主义”）。在他的引荐下，此后我经常参加老师和同学的派对，结识了不少新朋友。

然而，住在耶鲁，最使我有归属感的还得数当地的华人团体。在海外待得久了，心里难免会有些想家。特别是过春节的时候，那种思乡之情就更加强烈。好在耶鲁生活着不少华人，大家相互照应，感觉就好多了。春节期间，学校为华人举办了专题晚会，很是热闹。金老师在百忙之中也组织了耶鲁历史系华裔师生的新春聚会。黄虹雨师姐还特地在家中准备了火锅，邀请我一起吃年夜饭。耶鲁的北大校友不久也举行了聚会。在异国他乡，同胞的热情关爱和帮助，真令我永生难忘。

带走耶鲁

时间在不经意间飞逝，一个学期很快就过去了。耶鲁的习惯是每门课程结束后，由老师请学生吃饭。这种饭局有点国内“散伙饭”的味道。每参加一次聚餐，就增添一层伤感。在学校举行毕业烧烤宴会的时候，我心里真是百感交集。学校一放假，同学们就开始各奔东西，而自己归国的期限也越来越近。在最后两个星期，我抽时间去了趟国会图书馆，收集了几种珍稀的史料。然后在归途中匆匆探访了费城和纽约，回到耶鲁已是5月中旬了。漫步校园，已不见开学时的喧闹。坐在清寂的图书馆，除了自己翻动书页的声音，能听到的就只是每隔15分钟从塔楼准时传来的钟声。

钱锺书先生曾有“敢云大隐藏人海，且耐清寂读我书”的经历，我一直想体验一下前辈的那种境界。此时适逢金老师要和史景迁先生到中国开会，邀我搬到他们在耶鲁西郊的家里当几天“管家”。这真是个独处的好机会！在告别耶鲁前的几天，我可以一个人住在金老师和史先生的宅邸，享受梭罗在瓦尔登湖畔那样的生活了。清晨，站在庭院中的“呦呦亭”，我可以一边呼吸新鲜的空气，一边看史先生的爱犬“麦吉”欢快地奔跑。入夜，我坐在书桌前，聆听新英格兰五月的豪雨敲打着阁楼屋顶，“麦吉”则依偎在我腿边，发出香甜的鼾声。这真是一个世外桃源！我的心灵从来没有这么宁静。我几乎要进入忘我的境界，但返程的机票却在提醒我，我不属于这里。我该回家了，回到地球的那一侧，回到自己启程的地方。

图 2　呦呦亭

返航时，我坐在靠窗的位置，望着渐行渐远的大地，心里感慨万分。此次美国之行已经结束，但我跟耶鲁的缘分不会终结。来美之前，怀着对美国建国时期历史的浓厚兴趣，我脑子里充满了各种各样的问题。在耶鲁的这段日子里，有些问题我已经找到了答案，而有一些我还得继续探寻。耶鲁的众多师友，图书馆的丰富史料，以及穿行美国城市的经历，都为我解答那些疑惑提供了线索。在告别耶鲁之际，我的心里浮出许多念想。我不想学徐志摩，不带走康桥的一片云彩。我想学海明威，把巴黎的气息留在身边。我要带走耶鲁，把这段记忆存入内心深处。我知道，只要我的脉搏还在跳动，耶鲁就不会离开我的身体。而在我的不停循环的血液里，她会给我提供温暖的力量，激励我继续追随耶鲁前辈的脚步，去追求，去探索，不要停息。

耶鲁杂忆

| 徐利卫 |　历史学博士，2006 年北大—耶鲁博士研究生交流项目参与者，现任职于中央统战部

作者按： 2018 年，延续了十三年之久的北京大学与耶鲁大学博士研究生交流项目终止了。为了纪念史景迁、金安平夫妇为中美学术交流所做的杰出贡献，北大历史学系牛大勇老师嘱咐参加过这个项目的同学们写些文章。我是第二批赴耶鲁的两人之一，在耶鲁的学习和生活对我的人生影响很大，因此更有回忆成文的必要。

必须承认，要我回忆十几年前的事情很不容易。费了好大的劲儿，浮现在脑海里的也都是些支离破碎的片段。当然，也都是岁月留下的最深刻的痕迹。

我是学历史出身，记述往事自然要沿着时间、空间和人物三个维度展开。第一次见到史景迁、金安平贤伉俪是在 2003 年，

他们来北大作讲座，同时和北大历史系商量搞一个博士生交流项目。简单来说，就是耶鲁中国史方向的博士生和北大美国研究方向的博士生，可以在博士学位论文开题后，彼此到对方学校搞一个为期半年左右的交流访问，名额是每年两三名。这样做好处当然很多，首先来说可以提高语言能力。做历史研究，语言是最基本的功夫，但据我观察，无论在那时还是现在，国内能熟练掌握几门外语的学者都称不上多，加上那时候人文学科的学者出国机会本来就比较少，所以史先生发起的这个项目十分珍贵。还有就是可以更有效率地收集史料。那时候在国内做世界史研究的尴尬之处就是史料非常不足，而且越是研究得深入，史料就越是不足。看着中国史专业的同学们动辄写几十万字的论文，我们这些搞世界史的总是惭愧得抬不起头。胡适曾经给我们历史学系立下一个规矩，“有一分史料，说一分话”，史料不足，文章自然也写不长，靠脑补写论文是经不起同行推敲的。去美国名校图书馆查阅史料，可以在很大程度上解决这个问题，我后来的经验也充分证明了这一点。当然，史景迁先生发起这个项目还有更深的用意，他想加深中美两国历史学者之间的交流，彼此取长补短，共同推动学术研究进步。

到了 2005 年，我完成了博士学位论文开题报告，具备了去耶鲁交流的前提条件。记得是暑假后的一个傍晚，史景迁、金安平贤伉俪又来到北大，在南校门外的天外天邀请部分博士生一起吃烤鸭。我接到通知的时候正好在图书馆，没有什么心理准备，很匆忙地赶了过去。那是第一次近距离接触史先生和金先生。史先生相貌十分俊朗，举手投足都是英伦绅士范儿，与肖恩·康纳利颇有几分相似。史先生又很健谈，称得上魅力无穷。金先生凝视史先生的眼神十分丰富，既有一些仰望偶像的崇拜，又有一些看顾孩子的爱怜，可见二人感情之隽永。史先生一边吃东西一边问我们都在研究什么。大家逐一讲，轮到我时，我说我在研究多萝西·戴（Dorothy Day）的资料。要知道，即使以现在的眼光来看，这个题目都是冷门。首先，宗教史在国内就称不上什么“显学”，有野心的学者大都不会选择这个领域。其次，我研究的是美国天主教历史上一位女性社会活动家，绝大多数人连听说都没听说过。史先生有点儿意外，便问我北大这方面史料够不够。我随手从书包里拿出多萝西·戴的传记给他，讲了讲我为什么选这个题目，以及目前史料掌握的情况。史先生又问，关于她的史料在美国丰富吗？我回答说，多萝西·戴的日记和相关档案主要收藏在威斯康星州的马凯特大学图书馆，耶鲁图书馆也有她青年时期创办的左派刊物的善本及微缩胶卷。想必那天我给史先生留下了一些印象。到了十月，我通过了北大和耶鲁的选拔，成为2006年赴耶鲁交流的两人之一。还记得这个消息是金先生亲自打电话到畅春园宿舍告诉我的，她像慈母一样叮嘱我接下来赴美要做的各种准备，让我感到既意外又温暖。

2006年元旦后，我如愿来到耶鲁。在行前的晚上，我的导师彭小瑜教授请我在砂锅居大吃了一顿，还陪我到双安商场按美国教授的范儿买了一件毛呢大衣和一件灯芯绒西服，这些都是十分美好的回忆。师恩深似海，唯有不断学习和努力工作才能报答，这是题外话。很多细节表明耶鲁也十分重视和爱护我们这些交换生。一出肯尼迪机场，便有校方雇的豪华轿车来接我们，我记得是一辆很长的林肯，在国内这车常被用作婚车，当时还觉得挺好笑的。到了耶鲁后，校方安排我们住在高街 32 号剑桥牛津公寓，这里称得上是纽黑文综合条件最好的公寓，离耶鲁老校区、斯特林纪念图书馆和耶鲁研究生院都很近，邻近生活设施也很齐备，十分方便。耶鲁还安排了一位来自复旦的留学生帮我们办理入校的各种手续，省了我们很多麻烦。最重要的是，每个月的津贴从上一年的 1000 美元增加到了 1300 美元，这对我日后到美国各地调研资料帮助极大。

先回忆在耶鲁的学习吧。金先生希望我们多选些课，多体验美国常青藤大学的教学方法和研究氛围，这对我们日后的学术研究和教学生涯显然十分重要。我当时可能自视太高，不知深浅地选了一大堆课，主要是美国政治、社会和思想史一类，以及一些语言课程。上了课后就傻眼了，以我的学力实在难以支撑。耶鲁教授十分注重讲授学术史和方法论，教学内容非常扎实。教学方式多是费孝通先生提过的“习明纳”，也就是研讨会。选课的研究生坐成一圈，在教授的引导下，就某一主题进行讨论，要求论点鲜明、有理有据。这种形式看似简单随意，实际要求却非常的高，需要大量的阅读作支撑，几乎每一次研讨会的书单都得列十几本书和数十篇学术论文。别说我们这些来自中国的交换生，就是母语是英语的研究生，要想把这些全啃下来也是超乎想象的。如果严格按照教授的要求做，我相信这一学期的阅读量，比普通人一辈子看的书都要多得多。可见，优秀的学者都是通过残酷的训练锻造出来的。除了阅读之外还有写作，每门课都要交若干篇论文，那种压迫感简直要把人逼疯。好在彭师在给我们本科生上课时，就曾要求一学期写 7 篇读书报告，因此还算有些心理准备。

必须提到的是，美国学术界对学术规范问题十分敏感。记得我在一篇论文里引用了某本专著中的一句话，考虑到是日常作业又不用发表，就没有详细标明出处，结果那位教授十分严谨，专门约我到办公室恳谈，不厌其烦地告诫我一定注意不要“抄袭”。让我出乎意料的是，她还把这件事告诉了金先生，金先生也和我谈了一次，搞得我十分尴尬。耶鲁的语言教学也是十分先进的，我选的英语课上都是来自世界各地的留学生，说英语时口音五花

图 1　斯特林纪念图书馆正面，门口停着运输馆际互借图书的货车

八门。老师从最基础的校正发音开始，利用计算机软件来测量和规定音调和音色，然后通过大量朗诵训练固定下来，这种方法真是让我感到别开生面。更有意思的是，老师会根据每个人的口音设计不同的朗诵训练方案。比如，发给我的是纳博科夫《洛丽塔》的开篇，我到现在都还记得，Lolita，light of my light，fire of my lions. My sin，my soul，Lolita，每次当着大家的面朗诵这段我都觉得好尴尬，同学们也都窃笑不已，但其实是老师发现我发音的时候舌头的位置不对，发 L 音不准而为我设计的专门训练。

再说说耶鲁的图书馆吧。北大图书馆藏书在国内高校里最多，但和耶鲁相比还有一定差距。耶鲁大大小小的图书馆有二十几个，藏书量超过千万册，在全美排名第一，在全世界排名第二。其中，我常去的是主馆斯特林纪念图书馆和拜内克珍本善本图书馆。这两个馆各有特点，斯特林是一座哥特式仿古建筑，从外面看过去给人一种庄严隆重的压迫感；拜内克则是一幢现代风格建筑，外壁用的是一种特殊材料，日间阳光可以穿透外壁，室内不必开灯，在美国建筑界和图书馆界的名气都很大。耶鲁图书馆的优势不止于硬件，我印象很深的还有两点，一是她的微缩胶卷室。那个时候网络数据库已经蓬勃兴起了，但之前大量的过期期刊都还是做成了微缩胶卷。斯特林里有一间特别大的微缩胶卷阅览室，在那里可以查阅美国几乎所有的过期期刊，十分方便，微缩胶卷阅读机摆弄起来也十分有趣，很像小时候玩的拉洋片。二是发达的馆际互借系统。毫不夸张地说，在耶鲁图书馆就没有借不到的书，因为读者可以很轻松地使用馆际互借系统，几天之内就把耶鲁图书馆没有的书从其他图书馆运送过来。我记得曾借了

图 2　拜内克珍本善本图书馆

几本普林斯顿大学图书馆的馆藏，两三天后就到了。后来了解到，在全美有数不清的货车日夜兼程在高速公路上奔驰，专门负责在图书馆之间运送书籍，这种程度的公共投入确实超乎当时我的想象，要知道，这些馆际互借服务都是免费的。

再讲一些在耶鲁生活的趣事。身在他乡吃饭是个问题。在美国，不同国家风味的餐馆在价格上可以说是等级分明的，一定程度上反映了该国文化在美国社会的影响力。比如，泰国菜和越南菜要便宜一些，墨西哥和意大利餐的价格在中档水平，法餐和日料就要贵上不少。中餐比较特殊，各个档次的都有，覆盖面很广，说明很受欢迎。到耶鲁的第一晚，金先生先是带我们到一家很高级的中餐馆吃晚饭，可惜名字我不记得了。饭后，金先生又带我们去了纽黑文所有华人和中国留学生都十分熟悉的长城饭店。说是饭店，也是家杂货店，老板可能是个广东人。在这里可以买到一些在其他超市不容易买得到的中国特色副食和日用品，如老干妈辣酱。杂货店后面是间自助餐厅，空间不大，只能摆四五张桌子，用的食材大都是前面杂货店当天卖的肉蛋蔬菜，但好处是口味地道、价格便宜，大概 3—4 美元就可以吃得很好，可能因此很受中国留学生欢迎。在耶鲁最初的几个月，我经常来这

图 3　纽黑文华人和耶鲁中国留学生们最熟悉的长城饭店

里吃饭。印象深刻的还有一家面馆，老板也是位中国人，因为位置离教学楼更近，那家店几乎天天爆满。等适应了在这里的生活之后，我就经常到超市买菜自己做饭吃了。做的也都是些简单的东西，煎个鸡蛋、炒个青菜什么的，仅以果腹为目的。必须承认，美国食品确实很便宜，尤其是鸡肉。犯懒的做法就是几美元买上一大包鸡腿，回来煮上一大锅，一顿吃一个，可以撑上差不多一个星期。直到现在我印象最深的还是第一次做可乐鸡翅的味道。真正意义上的独立生活让人着迷。

总之，在吃的方面花费真的很少，算下来每个月也就两三百美元。省下来的钱我主要做了两件事，一个是买书。美国的书实在是太贵了，随便一本就要几十美元。相对来说，二手书要便宜不少，所以我就尽可能买二手书，而最方便的买书渠道无疑是亚马逊。二是尽可能利用课余时间四处游历。耶鲁的学期中间有一些短假期，我既静不下心来看书，又不想宅在公寓里，就跑出去到处转。第一趟，我在 3 月去了加利福尼亚。从南往北，先到洛杉矶拜会老同学，然后到旧金山参观湾区。站在山顶上遥望太平洋着实让人感到震撼，我感觉太平洋的深邃和厚重要远远超过大西洋，可能是祖国就在彼岸的缘故。除了游历，我还在耶鲁大学鲁乐汉（John Delury）博士家人的帮助下，在伯克利耶稣会神学院（Jesuit School of Theology at Berkeley）待了几天，收集了不少史料，还顺便体验了一下修道院的生活。最后，我坐火车来到加州首府萨克拉门托，在鲁乐汉博士父母的家中度过了一个令人难忘的周末。加州一行让我更深刻地理解了什么叫作“纸上得来终觉浅，绝知此事要躬行”。美国天主教历史上有一个特别的人叫

“信托人（trustee）”。美国是个移民社会，19世纪大量欧洲移民涌入美国，但教会发展的速度跟不上天主教移民增加的速度，于是平信徒在建立教会的过程中发挥了比较关键的作用，捐助了大量教堂和教产，又因为美国深厚的民主传统，掌握教产的平信徒便和新来的负责管理教区的神职人员发生了矛盾，在双方冲突的过程中，便形成了以平信徒为主体的信托人组织。信托人代表平信徒参与管理教产，在教会事务中有很大的发言权和影响力，和神职人员形成了既相互制约又彼此合作的关系。如果不来加州的话，信托人组织对我来说就永远是个停留在书本上的概念，但加

图4　作者与鲁乐汉博士父母于萨克拉门托铁路博物馆

州之行让我切身体会到信托人与教会之间究竟是如何互动的。鲁乐汉博士的父母应该是加州天主教会信托人组织的重要成员，正是他们的沟通协调，让我有了在耶稣会神学院学习体验的机会。

第一趟游历让我尝到了甜头，后面就一发不可收拾，3月底又去华盛顿看樱花。出门在外，“行”也是个大问题，不仅要设计好线路，还要选择好交通工具。因为没有高铁，在美国旅行首选的交通工具自然是飞机，然后是火车或大巴。离纽黑文最近的交通枢纽是纽约。对我们这些穷学生来说，从纽黑文坐火车到纽约是最经济的，只需要十几美元，缺点是慢，百来公里的路程要开好久，活脱脱让我找到了小时候坐绿皮车的感觉。火车直通纽约中央车站，车站附近有华人开的长途大巴车站，去东海岸的大城市既便利又实惠，也可以在中央车站乘摆渡车直达肯尼迪机场转乘航班。对那时的我来说，出行的经济性是第一位的，便利性是第二位的，所以去加州这些比较远的地方，我一般会选中转航线或红眼航班，既折腾自己，又折腾朋友，现在回想起来实在太划不来了，特别是给朋友们带来很多不便，在此要为我的“自私”说声对不起。华盛顿我是坐大巴去的，大概三四个小时的车程，中途路过了费城，可惜没停留。作为首都的华盛顿处处都散发着强烈的民族主义情绪，国会山、林肯纪念堂、五角大楼、阿灵顿国家公墓……这一系列宏伟肃穆的灰色建筑都在讲述着深沉的爱国主义故事，这种气质在美国各城市中是独一无二的。在华盛顿期间我还参观了彭老师的母校美国天主教大学，那里是全世界宗教研究的重镇。从华盛顿回来没多久我又去了纽约，这是我最想去的地方，因为多萝西·戴主要的社会活动大都是以纽约为中心展开的。我在纽约待了差不多一个星期，每天起床就乘地铁到曼哈顿岛，用脚步丈量这座城市，从南往北，从西往东，走遍了多萝西·戴在自传中提及的每一个地方，尽情想象着当时的情景。我还特意去了多萝西·戴在曼哈顿创办的慈善机构“玛丽屋”和“圣约瑟夫屋”，这两个地方也是多萝西·戴创立的“天主教劳动者运动”（Catholic Worker Movement）在纽约的分部，多萝西·戴晚年一直生活在玛丽屋并在那里去世。不研究多萝西·戴的人很难想象这两个地方具体是什么样子，事实上，它们与一般人印象中慈善机构高大上的形象一丁点儿都沾不上边。它

图 5　玛丽屋

们都位于曼哈顿的下东区，那里是贫民区，肮脏、阴暗、破败，空气中隐隐飘散着腐臭的气味。圣约瑟夫屋显然不够整洁卫生，也没有院子，外墙上有不少涂鸦，有几扇窗户玻璃还是碎的，门口站着几位老年流浪汉，很明显，他们是来这里领免费餐的。玛丽屋的条件要好一些，作为劳动者运动的精神中心，时常有人来这里瞻仰。说来也巧，因为天主教劳动者运动创立于 1933 年的“五一国际劳动节”，我正好赶上了 73 周年纪念活动，来自全美各地分部的运动领导人都聚集在玛丽屋，汇报上一年的工作，缅怀多萝西·戴的一生。我说明了自己的来意，大家都对有中国人在研究多萝西·戴感到惊讶不已，就邀请我参加了他们的纪念活动。其实所谓的领导人，都是些甘愿为济贫工作无私奉献的志愿者，他们都是受多萝西·戴人格与精神的感召而投身到运动中来的，他们服务的对象都是美国社会最底层的穷人，其中大多数是无家可归、疾病缠身的老人，只要还有容纳空间，他们就可以在这里获得免费的栖身之所。对多萝西·戴来说，济贫绝不是坐在办公室敲电脑来分配慈善项目和捐款，而是和穷人直接生活在一起，用全部身心照看他们。这些穷人没有条件讲究个人卫生，很长时间不洗澡，身上气味难闻，有虱子、臭虫也很寻常，普通人唯恐避之不及。和他们在一起生活，对有产阶级来说，无疑是感到厌恶和恐惧的。但多萝西·戴和她的追随者做到了，并且一直坚持至今。多萝西·戴和她创立的社会运动成为捍卫美国社会道德与良知的一道坚强防线。纽约之旅是我游历当中最奇幻的一部分，让我的博士学位论文的灵魂更加丰满、强壮。

游历美国的最后一站是密歇根湖畔的密尔沃基。马凯特大学就坐落在密尔沃基，关于多萝西·戴的重要档案和文献大都收藏在马凯特大学的图书馆里。能来这里查阅史料是金先生和其他师友为我精心联系和安排的，对我完成论文十分关键。美国天主教历史协会主席、马凯特大学历史系帕特里克·凯利（Patrick W. Carey）教授热情接待了我，并安排我住在他家中。凯利教授是位非常淳朴的长者，无论我跟他讲起什么中国的趣事，他都会流露出一副难以置信的表情，问我，Is that true? 当他理解了，他又会恍然大悟地点头，That makes sense! 就像个天真的孩子一样。我在凯利家中住了差不多一个月，工作日的时候每天清晨和他一同开车去学校，晚上又一起回家，到了周末就和他全家一起到密歇根湖畔的别墅休息。在凯利家吃的东西很简单，翻来覆去就是牛排、鱼排、意大利面和汉堡这些，但其实做起来还挺精致复杂。就拿汉堡来说，这个汉堡可不是麦当劳那种，而是先买回来新鲜的牛肉，绞成肉馅，再放在模子里压成肉饼，然后再到院子里用炭火炉子烤熟。这样做出来的汉堡，那个鲜嫩多汁的口感，简直是无敌了。我还和凯利一起在院子里种辣椒、番茄，还有其他蔬菜，这还是我从小到大第一次干“农活”，后来凯利来北大参加学术会议，我还特意问他我们种的菜长出来没有，他哈哈大笑说：“Not all of them came out!”我和凯利一起动手做的事情还有很多，事实上，日常生活中的一切事，凯利都尽可能要亲自动手做，这也是中西部美国家庭的生活常态。一般认为这是因为美国的人工比较贵，而在我看来，更多是因为他们能够在劳动中感到无与伦比的愉快，否则无法解释买劳动工具往往要花更多的钱。凯利的车库里装满了各种各样的工具，甚至有一

图 6　作者与凯利夫妇合影

台简易的车床。我和凯利一家结下了深厚的情谊，直到现在，凯利夫妇每年元旦都会给我寄来一封信，用最传统的方式讲述过去一年凯利家族发生的所有大事，幸福的和不幸的都有。他们视我为家人，而我在梦里也时常回到那难忘的密歇根湖畔。

在耶鲁的时光是很短暂的，但我经历的一切无疑对我之后的人生产生了巨大的影响。来耶鲁之前，我的职业理想就是作个历史学者，但一番游历之后，我认为自己应当为国家和民族做一些更直接有用的事。我在五大湖区亲眼看见了美国制造业的衰败与萧条，目之所及，到处都是废弃的工厂，就像在战争中被轰炸过一样。当时美国正处在爆发金融危机的前夜，耶鲁的中国留学生们大都热衷讨论毕业后如何去华尔街和印度人竞争，在金融行业找一份体面的工作。我当时的直觉就是美国已经日薄西山了，中国的机会来了，处在历史大转折时期，埋头做学问太没参与感了。现在回头看，这种判断有些片面和幼稚，但却是我当时最真实的想法。回国后，我和彭老师讲了我的想法，他很支持。毕业后，我离开象牙塔，当了一名公务员。好在学有所用，现在主要做些宗教政策研究的工作，希望能在平凡的岗位上，为国家和民族多做一些事。

作为历史进程发展的自然结果，近些年来中美关系发生了深刻变化，不知道北大和耶鲁交换生项目的终止是否也有这种变化的影响因素。无论如何，这令人感到十分遗憾，衷心希望中美高校之间的学术交流越来越深入密切，长远来看，这对建立良好的中美关系是有利的。

最后，再次向史景迁、金安平贤伉俪表示诚挚的感谢！你们为我做的一切我都铭记在心里。

访学在耶鲁

| 高　岳 |　历史学博士，2007年北大—耶鲁博士研究生交流项目参与者，现任职于东北师范大学历史文化学院

2018年春天，牛大勇老师通知我们，由于史景迁先生和金安平老师的相继荣休，北大—耶鲁博士研究生交流项目宣告结束。牛老师提议编写纪念文集来向史金二位先生致谢。我心中也一直感怀老师们为此项目所付出的心血，现在正好可以表达我内心的谢忱。2007年，我有幸成为此中一员赴美国交流学习，十一年过去了，今天蓦然回首，在耶鲁居住过的“剑桥牛津公寓”（Cambridge-Oxford-Apartment）那旧式的手拉门电梯、宏伟庄严的哥特式图书馆、时而静谧时而喧闹的old campus校园，初春时节高街（high street）两旁绽放的樱花又浮现于眼前，历历在目。

课堂内外

北京大学和美国耶鲁大学从2005年启动了博士研究生交流

的项目，北大历史学、社会学、法学、艺术等人文领域的学生由此受益颇多。耶鲁大学历史系的史景迁教授和金安平教授和北京大学历史学系牛大勇教授怀着对学生和学术的关切，在推动了双方学者的多次学术交流之后，分别牵头提出申请，最终促成了这个项目。我是第三批赴耶鲁交流学习的博士研究生，当时已经通过了博士中期考试，确定了论文选题，随着论文写作的进行，能够亲自到美国去获取一手资料的渴望就更深切，而这个项目可以说是天赐良机。在经过了递交研究申请、专家委员会面试、双方历史学系审核等程序后，我的美国之行终于得到了确认。但直到这次耶鲁访学后我才明白，自己的收获不仅仅是在资料收集和论

图 1　作者于雅礼协会门前

文写作方面。

刚到耶鲁大学的时候，正赶上春季学期开始。我拿到了历史系的课程表，想在这里尽量多听课，像海绵一样多吸收。最初，我一口气选择了五门课。后来才发现，由于研究生的课都采用研讨班的形式，每门课后的阅读量都非常大，想要全部跟下来是不可能的。还好，前两周还处在“shopping period”，也就是学生可以随意听课，之后再确定这学期最终要修的课程。于是，我就把主要精力放在“美国早期史专题阅读”和“怎样撰写欧洲史”这两门课上，其他如“美国宗教和历史专题阅读”“近代早期帝国”等就尽量去旁听。

乔安尼·弗里曼（Joanne Freeman）教授开设的“美国早期史阅读”主要从文化的视角来重新探讨美国的政治进程，这在2007年的美国史学界也是比较新的视角。政治文化史不再仅关切居于国家管理层的政治精英，而是把以前受到忽视却又深刻影响着美国政治发展的大众文化发掘出来。比如，从社区、建筑和城市建设等承载的含义和体现的历史变迁中来看美国的物质文化发展，从社会文化习俗透视大众中民族主义的滥觞，从美国历史中的女性、黑人的经历，以及从宗教的民主化过程来研究政治文化的发展。我的博士学位论文选题虽然属于史学史领域，但19世纪中期美国的历史学处于向专业化过渡的阶段，浪漫主义史学家对于公众舆论十分关注，他们期望其著作的主题和内容能够反映时代思潮。因此，对美国政治和社会思想的把握可以说为研究史学史奠定了知识基础。这种政治文化史的研究把政治史的研究与社会史和文化史融合起来，大大开阔了我的视野，帮助我理解美国文化更丰富和复杂的层面。每次课前要阅读教授指定的内容，平均为每周一本著作加上一篇论文。每次课上由一名同学主持，适时提出一些问题，其他同学参与讨论。每次课上的讨论都非常热烈，氛围活跃，阅读内容所涉及的任何问题都可以作为讨论的主题，还有人就资料的选择、对资料的运用和解释、作者的观点、存在的问题进行分析和评价，弗里曼教授会在每次下课之前进行总结并对讨论中存在的问题给予评析。在对一本书或论文全方位的讨论中，参与者加深了理解，纠正了认识的偏差，同时在思想的碰撞中获得了启发。

“怎样写作欧洲史”这门课由来自德国的 Ute Frevert 教授讲授。Frevert 十分关注理论和方法，她选择的书目中很多是欧洲通史的大部头著作，以此来比较不同的历史学家写作方法和研究角度，并介绍和探讨了写作区域史的新理论方法，我在这门课上第一次了解到了 cross history 与 transfer history 的区别，comparative history 与 cross-national history 这两种不同的方法的重叠之处，以及针对不同的研究选题，如何更好地运用二者。这门课对于考察历史的写作方法和研究方法是一种很好的训练。Frevert 教授会就本次课的主题先介绍其学术史，然后提出一些问题让大家讨论，她自己也会参与其中。选修前一门课的大多为美国学生，而这门课上的学生却来自不同的国家，像奥地利、土耳其、阿根廷等。Frevert 教授自身很关注这些来自不同国家的学生本国内欧洲史的研究情况，还有国家发展情况，她经常会在课堂上问起各自国家相关的情况。在学期末要完成的 presentation 中，她为每个同学指定了不同的题目，而我的题目就是“中国的欧洲史研究和著作”。这个课堂上的同学对于其他国家的历史研究也很感兴趣。我讲完之后，他们就纷纷提问，有的问中国的欧洲史著作中是否提及了民族大迁徙，还有的问及马克思主义历史观等。

Frevert教授在课堂上看似随意却透着严谨，在亲切中散发着优雅，每次上课的着装都端庄得体又不失时尚。记得春假刚结束的一次课上，Frevert教授原本比较白皙的皮肤变成了深麦色，她告诉我们，他们全家到加勒比海晒太阳去了。6月初，纽黑文早已是盛夏时节，有一天天气非常好，艳阳高照，我们就在Frevert教授的带领下，在校园的草坪上上完了那次课。

在学期结束后，教授们会邀请选修其课程的学生到其家中做客，一般会包括晚餐，这仿佛已是历史系不成文的规矩了。于是，我有幸拜访了弗里曼教授和Frevert教授的家。“美国早期史阅读”是一个比较大的课堂，因此来到弗里曼教授家中的学生有十几个，还不是全部。想想准备十几个人的正餐，需要花费多少精力。晚餐采用自助形式，我们每个人盛些吃的东西到盘子里，然后边吃边聊。弗里曼教授笑谈美国史上的趣事，讲到美国人和法国人之间不同的风俗时，她提到美国人总是匆忙进餐，被法国人嘲笑缺乏品位，不会享受精致美食，大家听着哈哈大笑。

Frevert教授在纽黑文的郊区拥有一幢非常漂亮的房子，她和丈夫在小花园中欢迎我们。晚餐的时候，她两个上中学的女儿也与我们同坐一桌，姐姐还随学校组织的夏令营游历过中国的深圳等城市。这个小姑娘向我提起在中国看到有人坐在自行车的后座上，觉得十分有趣。一桌丰盛的饭菜由Frevert教授烹制。她好像对美食很感兴趣，虽然他们是德国人，饭桌上却不全是德国菜，她告诉我们有一道菜是中东风味的。在回到中国后，我和Frevert教授还时常以电子邮件联系。2015年8月，在济南举行的第22届国际历史科学大会上，我与Frevert教授得以再聚首，又重温了在耶鲁的美好记忆。

除了课堂学习，各种学术讲座也会让人应接不暇。我记得曾聆听过一位亚裔学者的演讲，也许是为了严谨起见，她几乎是把论文从头到尾宣读和讲解了一遍。后来才听人说，这次演讲也是历史系对这位学者的面试环节之一。耶鲁大学的校园活动十分丰富多彩，时常能够看到old campus里各种趣味体育赛事。比如，两个参赛队伍各派出一个代表戴着头盔，站在厚厚的充气垫子上，用一根很大的充气棍子互相击打，最后仍然屹立不倒者为胜出者。结果并不重要，比赛者都十分投入，观众也乐在其中，好不热闹。这种放松身心的活动不失为对紧张的学习生活的一种调剂。4月底，我和侯洁报名参加了由耶鲁大学研究生会组织的第四届社区服务日活动，到场的志愿者都是耶鲁大学的学生，在给每位志愿者发了一件宝蓝色的T恤衫、一副橡胶手套和几个垃圾袋之后，大家就分散到校园区域以外的街道去清扫垃圾。纽黑文是以耶鲁大学为中心建立起来的，而大学也要为市镇的发展尽自己的义务，二者处于良性的互动中。

耶鲁的老师和同学

回想起在耶鲁大学的日子，虽紧张忙碌，内心却是充实而愉快的。首先，耶鲁大学为学生的方方面面提供了非常便利的条件和舒适的环境。我和另外一名来自北大的同学侯洁的住处是由校方租赁的，离图书馆仅有几分钟的步行路程。图书馆工作人员认真负责且热情和善，查阅资料的时候感觉十分便捷。而且，除了珍藏本和善本图书，斯特林纪念图书馆从二层到六层都是开架的大书库，耶鲁的学生可以进去随意阅览或借阅。还记得有一次从图书馆借出了十几本书，在回住处的路上，手上是沉甸甸的，心里却是喜滋滋的。耶鲁大学的藏书已然十分丰富，但如果在耶鲁还查不到的话，也可以通过馆际互借从美国其他大学图书馆借阅，我当时需要的乔治·班克罗夫特手稿的缩微胶卷就是从康奈尔大学图书馆调来的。耶鲁图书馆的大厅里有几十台电脑和几台扫描仪供学生免费上网和复制资料，在大厅的一个角落里，还专门由学生志愿者担任电脑助理为读者解决电脑意外出现的问题。有一次我的电脑无线上网功能有些障碍，当时值班的同学非常耐心地帮我解决了。

由于纽黑文是个很小的大学城，规模稍大的超市离校区有段距离。如果你想到市郊购物，可以拨打学校的校车专线，说明你的地址，过一会儿便会有一辆中型面包车来接你，同时会接上其他顺路的同学。一般能够乘坐十人左右的车里只有几个人，周末时叫车的人会多一些，需要等待的时间也稍长。一个周末的傍晚，我们要去 Shaw's 购买下周的日用品，偏偏外面又下起了雨，在公寓门口等了好一会儿，预约的校车还没有来。想来周末叫车出去的人一定很多。正在犹豫间，突然一辆警车开到我们面前，车窗摇下后，一位身穿制服的黑人女警官向我们问道："是你们叫了校车吧？"在我们说了要去的地方后，她示意我们上车。这还是我生平第一次坐警车呢，而且是享受警车的服务。

不仅学校提供的这些条件为我们的学习生活带来了便利，我还感受到了老师和同学的真诚和友善。记得在“早期帝国史”这门课上，历史系和社会学系两个系的学生同时选课，人数比较多。每周老师都会安排阅读书目，为了方便上课的同学传阅，这些书目便被事先指定为“Reserved Books”，这样的书只能借阅三天。而那次课却没有这种“Reserved Books”，对于我来说，要找到阅读资料便有难度了。下课时，坐在我旁边的一位同学主动跟我说，她自己有这本书，并跟我约了时间，把这本书借给我。后来，我们成了朋友，她叫 Annie Ruderman。她曾经在意大利工作了六年，然后又回到美国攻读历史学的博士学位。期末的时候，老师们会邀请学生到家里吃饭。Frevert 教授家在纽黑文的郊区，离校园比较远，我正在犯愁要怎么去，一同上课的阿根廷同学主动对我说，她会让我和另外一个来自奥地利的同学搭她的车。

超凡的主人

这个校际交流项目耶鲁一方的牵头人是史景迁教授和金安平老师夫妇，记得刚到耶鲁大学的那一天，金老师便邀请我们去她的家里共进晚餐。史先生早早就在大门口迎接我们，展示着他英国绅士的风度。他还用中文告诉我们说：“我们家里养了一只小狗，不要害怕。”金老师和史先生首先带领我们参观了客厅和书房，并询问我们来到耶鲁之后的情况，以及需要哪些帮助。然后我们便被让到餐厅，只见桌上已经摆满了金老师准备的丰盛的菜肴。一同来的还有史先生的两位学生，一位来自韩国，另一位来自日本，名叫 Masato Hasegawa（Masato 后来对我们在耶鲁报到办理各种手续给予了很大的帮助）。史先生是研究清史与近代中国的专家，金老师研究先秦思想史，各有专攻，又互为补益。他们对中国的历史文化都非常感兴趣，环顾其家中的布置，古色古香，儒雅大气。金老师优雅热情，史先生则温文含蓄，我们在谈笑间感受着主人淡泊高远的气质。席间史先生不时讲起康熙和乾隆的逸闻，还提起美国有几位汉学家能够读懂满文，确是了不起的功底。现在还有多少人能够读懂满文呢？

图 2　作者（右一）、侯洁（左一）与史先生夫妇合影

5月底，纽黑文已经是春暖花开，我们又一次受邀来到金老师家里。这次首先参观了他们家的花园。这不是一般意义上的花园，简直就是一片树林。正对房子的是一座中国古典式的六角亭，由于树林中经常有小鹿跑过，史先生把它命名为“呦呦亭”，取自《诗经·小雅》的第一句：“呦呦鹿鸣，食野之苹。”经过两棵已经开满粉色小花的大树，我们进入史先生家的树林。参天繁茂的树木让这里显得幽静深邃，地上还有一股清泉潺潺流过，之上是一座小木桥。小桥流水，顿时便有了中国古典园林的意境。Masato告诉我们，这座小桥是史先生利用林中倒下的树木自己制作的。我们都不自觉地惊叹。

这时候，金老师的一个学生唤我们到呦呦亭那边去。只见桌上已经摆上了红酒和精美的点心。金老师说，这是她用鸭肫和面粉为原料制作的。真没有想到，金老师还有这样高超的技艺。热情的主人，美味的点心，加上浓醇的红酒，还有幽美的环境，真有进入桃花源的错觉。正餐的时间到了，金老师热情地把我们安排到餐厅就座。然后，一道道精美的菜肴呈现在眼前。尤其是饭后的甜点，颜色诱人，样式精致，入口更是香甜即化。金老师说，烹饪是她学术研究之余的爱好。她觉得烹饪尤其是做甜点跟做研究有很多相似的地方。做研究需要有扎实的学术功底，做甜点也需要一遍遍地实践，而且如果要做好，两者都需要一些灵感。

金老师十分健谈，讲起话来滔滔不绝，而且风趣幽默，她不时说起与学生之间的趣事，还关切地询问我们在耶鲁上课的情况，以及生活上还需要哪些帮助。不知不觉中，我们甚至说起小时候的事情。跟史先生和金老师交往的时间并不长，我们竟然能够讲起自己的童年。我想这是因为金老师对每个人都充满着像孩子一样的好奇心，而这种好奇心里面其实蕴藏着一种对人类的情感和关怀，这也许就是“人文关怀”吧。之前我们与史先生和金老师素昧平生，这个交流项目又是他们努力搭建起来的，我们本来是他们的受益者，而他们对我们并无任何所求，却对来自大洋彼岸的两个陌生人如此相助。正是由于史先生和金老师周到的安排和无微不至的关照，才使我们在异国全无后顾之忧，能很快地融入耶鲁的学习中。史先生和金老师的情怀深深感染了我，也许我并不能回报他们什么，但是我会把这种对他人的善意和热情传递下去。

耶鲁讲中文的人

耶鲁大学与中国的交往可谓源远流长。中国的第一批留学生即是赴耶鲁大学学习，其中包括容闳。耶鲁大学还专门设有与中国进行文化交流的机构，叫作“雅礼协会”（Yale-China Association)。历史系有学者研究耶鲁大学与中国的交流史。也许正因为这种历史渊源，在耶鲁大学读本科的海外学生中，中国留学生是最多的，来耶鲁大学进行交流学习的中国学者为数也不少，研究中国的历史、文化、政治制度、法律等各个门类的美国学者也非常多。因此，在耶鲁的校园里，偶尔遇到黄头发蓝眼睛的人讲着中文也就不觉得奇怪了。记得一次在邮局，我用英文问在我旁边排队的一个美国人关于邮寄的问题。他回答了我的问题之后，竟然用很标准的中文问我："你是中国人吗？"之后聊起来，才知道他是研究中国文学的，在中国待过好几年。后来，我又认识了一位在法学院研究中国法律的学者。他和妻子虽然都是美国人，却对中国有很深的感情。他们都在中国待过几年，在北京相识并相恋，他们对中国的历史和发展十分关注。

在耶鲁大学学习和生活虽然短暂，却给我留下了深刻的印象。这里的人们一般都行色匆匆，忙着自己的追求，但是互相之间又不缺乏温情和适时的帮助，这里的气氛自由、包容，每个人都是外来者，但很快这些外来者就会忘记自己作为外来者的身份而融入到这里的生活和学习中。对于知识和真理的探索和人性中的共情是没有国界的。

回到国内，在耶鲁遇到的老师和同学还不时浮现于脑海，在那里得到的帮助和关照，现在回忆起来仍然感到心头有暖意流过。耶鲁既严谨又包容的学术氛围，友爱互助的人际环境给我留下了深刻的印象。史先生和金老师对我这位异国学子的关怀和帮助尤其令我感怀和难忘。在耶鲁的日子不仅为我的学术生涯带来了深远的影响，也是我人生中最可宝贵的岁月。

永远的耶鲁

| 侯　洁 |　历史学博士，2007 年北大—耶鲁博士研究生交流项目参与者，现任职于电建国际工程有限公司

很荣幸，2007 年 1 月至 6 月我通过北大—耶鲁博士研究生交流项目，到耶鲁大学历史系进行了五个月的学习和交流。耶鲁校园的美丽，耶鲁图书馆丰富的图书资源，耶鲁教授专业和尽心的指导，耶鲁同学友好热情的帮助，使我那五个月的耶鲁学习生活充实、快乐，收获颇丰。耶鲁时光虽然已经过去十几年了，但每当回忆这段时光时，耶鲁在我心中的美从未褪色；尤其是每每回忆与史景迁先生和金安平老师相聚时的点点滴滴，心里总是暖暖的，心里一直对史先生和金老师存有深深的感激之情。

在耶鲁的 5 个月里，在金安平老师的建议下，我选了三门与我的专业相关的课。耶鲁研究生的课都采用讨论会的形式，并同时有两位老师一起上课，这样他们相互对话，启发学生去思考问题。课堂上，美国同学都发言积极，讨论热烈，充分表达自己的

图 1 作者于耶鲁图书馆前

观点。课后，老师会布置相关的阅读书目，大家通过大量的阅读、思考，写成简短的读书笔记，通过邮件发给老师和其他同学，这样在上课前同学们都能了解大家对本星期要讨论的书的观点和看法。每门课都要求读 2—3 本书，加上需要提交笔记，感觉阅读量很大，压力不小。不过经过那一个学期的锻炼，觉得收获不小。

业余时间，我最主要的学习任务是查找论文的资料和书籍。耶鲁图书馆丰富海量的图书资源，让人惊叹。每个同学可以借阅 250 本图书，借期是 6 个月。在耶鲁图书馆找不到的书，还可以通过馆际互借的服务，向常春藤联盟里的其他大学借阅，服务迅速而周到。此外，还有很多可以用网络下载的图书资源和数据库。对于世界史专业的同学来说，最困难的就是资料的查找和收集。耶鲁大学巨大的图书资源，使我收获很大，查到很多关于我博士学位论文研究和写作的第一手和第二手资料。这些资料对我来说就是宝藏，对我博士学位论文的完成奠定了坚实的基础。

在耶鲁的生活里，令我感动并一直心存感激的是耶鲁的老师和同学们都为我们在交流期间的学习和生活提供了尽可能地帮助和指导。金安平老师和史景迁教授时时关心我们的学习和生活，并经常推荐一些有意义的讲座和活动鼓励我们参加。

最难忘的是两次去史先生家做客的经历。因为我们当时没有车，金老师亲自开车来公寓门口接我和高岳。第一次走进史先生的家，和世界级史学大师的近距离接触让我们既兴奋又紧张。史先生家宽敞明亮，布置得典雅整洁，书房里有很多书。史先生家的花园很大很美，好多棵挺拔的大树，白色和粉色的芍药正美美地开放着，小巧古朴的呦呦亭很有特色，体现了史先生这位专门研究中国历史的史学大师对中国古代文化的情有独钟。花园后面是一片树林，小溪清澈见底，仿佛世外桃源。小溪上的小木桥也是由史先生亲手修建的，让我们不得不感叹史先生超强的动手能力。金老师做饭，史先生就在旁边帮忙，帮金老师耐心地剥豌豆。吃饭间大家谈笑风生，史先生还不忘体贴地给金老师夹菜。这些细心温柔的小细节让我们很感动，对史先生更加肃然起敬了。金老师眼睛不是太好，不能晚上开车，吃完饭由史先生送我们回家。

图 2　作者与史景迁（中）、Masato（左）合影

第二次去史先生家是 6 月，我要到华盛顿参加一个会议，然后再从纽黑文回国。当时我们这个交流项目已经结束，耶鲁不能再为我提供宿舍了。我向金老师寻求帮助时，金老师热情邀请我去她家住一晚上，我非常感激。记得我从华盛顿坐火车回到纽黑文的那个下午，史先生亲自开车到火车站接我。接到我后，他在火车站旁边的电话亭拿出一个硬币，投币打电话回家给金老师，告诉金老师已经接到我了，让金老师放心。这个细心的举动让我很感动，那时我也才知道史先生是不用手机的。回到史先生家，金老师已经替我安排好了房间。当晚史先生和金老师邀请了

他们的好朋友、耶鲁著名的政治学和人类学教授詹姆斯·斯科特来家做客。我读过斯科特教授的著作《弱者的武器》和《国家的视角：那些试图改善人类状况的项目是如何失败的》。对于这位东南亚研究的大家，我是相当地膜拜。我紧张又兴奋地与斯科特教授谈论了我的博士学位论文选题“菲律宾的摩洛反抗运动”，斯科特教授提出了几个问题，让我思考。斯科特教授给史先生带来了几朵他花园里栽种的玫瑰花，非常的艳丽夺目。金老师告诉我，斯科特教授家有个很大的农场，他不但自己种花种树，还养了不少牛和羊。每次斯科特教授去其他国家做调研或者讲学时，他就

图 3　作者与斯科特教授合影

请一些工人来照看他的农场。金老师和我说，斯科特教授老伴去世好几年了，他每周末就到史先生家，他们三人一起去看电影，吃饭聊天，很开心。金老师提到他们和斯科特教授的友谊的时候很诙谐地说："每个周末我都和这两个男生一起度过。"

在史先生家住的第二天早上我要赶飞机，于是6点不到我就起床了。但史先生比我起得更早，我看见他在花园里带着他的爱犬"麦吉"散步，然后在花园里修剪花草。吃完早餐后，史先生开车送我到学校的大巴车站。在那里，我和史先生告别，和耶鲁告别。如今，离开耶鲁已经十几年了，我仍清晰地记得当时我在大巴上看着史先生向我挥手告别，我的心中对史先生，对金老师，对耶鲁有多么的不舍。

除了史先生和金老师，耶鲁的不少老师和同学都给了我很多帮助，我也一直心存感激。当时东亚研究会的 Abbey Newman 女士也经常为我们的生活提供帮助，告诉我们很多讲座和会议的信息。还有 George Mile 教授、Kirnan 教授、Julia Adam 教授、Steve Pincus 教授都为我的学习和博士学位论文提供了很多有益的建议和指导。每个图书馆的管理员都非常友善和尽责，每次我去查找资料，他们都不厌其烦地为我提供帮助。记得有一次我去林学院图书馆查资料，之前通过邮件和林学院图书馆的老师进行了沟通并预约了我去查书的时间。我到了林学院图书馆之后，一位女老师接待了我，她和我说明了当时在邮件中向她询问的书很抱歉没有帮我找到，她可以根据我的选题再试着帮我找找其他一些可能对我有用的书。接下来的一个小时里，我就看她跪在地上，在书架上一直认真地为我找书。当找到了一些书，但我翻看后告诉她不是我需要的时候，她不停地和我说“对不起，没有能帮到你”，弄得我觉得很不好意思。对耶鲁图书馆老师周到和耐心的服务，我深受感动并一直记忆犹新。

史先生的两位学生 Masato 和 John，也给予了我们很多帮助，让我一直心存感激。我们去耶鲁注册的第一天，就由 Masato 带我们去各个机构报到和办理各种证件，中午又在耶鲁学生食堂请我们吃饭。随后的几个月时间里，Masato 和 John 也在生活和学习方面热情地给了我们很多帮助。初到美国，人生地不熟，难免孤独和不安，与 Masato 和 John 的友情也成为我耶鲁短暂而忙碌生活中很温暖的一段记忆。Masato 2009 年到北大学习一年，期

图 4　作者与耶鲁同学合影

间我们也经常在一起聚会。这份美好珍贵的友情一直延续到今天。得知 Masato 现在在柏林大学读博士后，我和高岳都很高兴，期待有一天我们可以再重逢和相聚。

才到耶鲁时，听说耶鲁有老生帮助新生，尤其是为国际学生提高英语交流能力的免费服务措施，我便选择了此项服务。我记得当时每周有一个来自津巴布韦的黑人姑娘来教我英语，她是艺术学院的本科生。她才 20 出头，开朗爱笑，喜欢体育和音乐，所以我们聊得比较多的是体育运动和音乐的话题。她对中国充满好奇，我也对非洲充满好奇，所以每周的英语交流活动都是很愉快的。

老生必须参加学校的公益活动，以获得相应的学分，老带新的英语交流算是参加学校公益活动中的一项。还有比如周末去学校周围的树林里捡垃圾，去菜地里种菜，这些都算是公益活动。我在耶鲁期间，周末都尽量参加这些活动，去更多地体验耶鲁的校园文化。

那年夏天，我还有幸参加了 John 的博士毕业典礼。耶鲁大学是美国历史最悠久的大学之一，毕业典礼一直遵循一套传统的程序。也正是因为程序传统，所以学校准备起来也有条不紊。比如，放暑假的学生一走，学校就会把部分学院的学生宿舍改造成像青年旅舍一样的客房，供家长和来宾住宿（注：耶鲁有几个学院的学生每年暑假都必须把行李打包，统一寄放，开学后再去领回）。毕业典礼当天，耶鲁礼堂和操场上坐满了毕业生的家人们。耶鲁规定，毕业生可以邀请自己的所有亲属参加毕业典礼。John 已经结婚，并且有了孩子，毕业当天，John 的父母、老婆、孩子及姨妈一家都参加了他的毕业典礼。

我还参加过耶鲁学院毕业生训导的一场活动。耶鲁学院毕业生训导是毕业典礼中最为庄严肃穆的部分，这是耶鲁大学三百年的传统。训导在富丽堂皇的耶鲁大礼堂举行。由管风琴颂歌、校长演讲等环节组成，代表不同宗教的四位学生还会完成富有宗教色彩的活动，参与的学生身着学位服，与家长、亲友共同聆听学院对毕业生的祝福和期望。

第二天还有毕业巡游活动。毕业巡游又叫“耶鲁学院毕业生日”，是耶鲁大学最著名的活动之一。上午，所有毕业生身着学位袍，在各自学院集合，列队完毕后，举着学院的旗帜、吉祥物、徽标，在身着华服的院长和学院名宿的带领下，步行巡游到图书馆前的广场集合，列成一个个方阵。

2014年，史先生和金老师来北大讲学几天，再次见到了史先生和金老师，我们都非常高兴。我先生读过史先生的很多著作，也一直很崇敬和喜欢史先生，所以我叫上了他一起参加聚会，并向史先生和金老师看了我孩子大龙的照片。史先生觉得大龙很strong，于是我先生回家就说，以后我们大龙的英文名字就叫Strong吧，这可是史先生给大龙取的名字。2016年，金老师到北大讲学，我们再次相见，一群当年的老“耶鲁”和金老师聊得很开心。

由史先生牵头的北大—耶鲁项目延续了13年，2018年终止了，我们都深感遗憾。这个项目使我们获益良多，感恩良多，心里也一直很牵挂和想念史先生和金老师。

生也有涯而知无涯

——从北大赴耶鲁交流感悟

| 张晓莉 | 历史学博士，2008 年北大—耶鲁博士研究生交流项目参与者，现任职于社科文献出版社

从 2008 年 1 月至 6 月，我参加了北大—耶鲁博士研究生交流项目，在耶鲁历史系访问学习半年。回望那段学习生活，虽然短暂，却影响至深。得知这个项目现在已经终止了，真的很遗憾。项目中方负责人牛大勇老师提议编写纪念册，接到通知很兴奋，却迟迟不能动笔，十年前的点滴浮现眼前，各种情感涌上心头……这个项目、那段经历，于我而言，无疑是人生旅程的珍宝。

一 耶鲁印象

我是 2001 年考入北大历史系，开始学习美国史的。那时候出国交流学习机会很少，到我 2004 年开始读博才陆续了解到有

些机会，但相较于日本去美国的机会还是要少些。2005年，北大—耶鲁博士研究生交流项目启动，对我们学习美国史的研究生来说真的是很好的消息，我本来也一心等着申请这个项目。但碰巧2005年下半年日本教研室有个去日本访学的机会因没有合适人选放到系里，当时我二外选修的是日语，成绩还不错，研究方向当时初步确定是美国与东亚关系，我们04博第一任班主任茅海建老师鼓励我申请，经过与导师王立新老师商议，最终确定先赴日本研修，学习语言，搜集资料。2007年3月从日本研修回国，正赶上北大—耶鲁项目申报，我抱着试试看的心态申请。很幸运，我的申请被批准，与法学院的林健聪、艺术学院的熊焰一起作为第四批赴耶鲁交流访学。

北大—耶鲁项目在诸多出国项目当中待遇是比较好的，特别是还有金安平老师细致周到的安排。在赴耶鲁之前，金老师已经很贴心地告诉我们相关接洽事宜。还记得当年飞美国的时候，我重感冒，一路除了吃饭都在昏睡。到了之后，根据金老师的指示，我们很顺利地到了耶鲁，在一家比萨店见到了史景迁先生和金安平老师。据金老师说，这是特别受耶鲁学生欢迎的比萨店，跟国内比萨店不同，需要自己点比萨配料，因为自己完全搞不懂那些配料，只好让金老师代劳。吃完饭到了我们住宿的地方，金老师已经帮我们置办好了日常用品，房间温馨舒适。金老师还安排了史先生的学生Masato带领我们办理各种手续。这一切都使得我们尽快适应了耶鲁生活。

耶鲁给我的印象是庄严肃穆、严谨有序，一如其哥特式风格的建筑。初到耶鲁正值冬天，虽然错过了无比美丽的耶鲁金秋，但接连几场大雪给耶鲁平添了很多浪漫气息，大雪纷飞中徜徉在灰色建筑群，恍惚间有种穿梭到中世纪的感觉。有趣的是，那边人们大都喜欢穿深色衣服，我的羽绒服是天蓝色的，因而无意中成了“亮点”，后来遇到当时在耶鲁留学的中国学生谈起来还记得我那件天蓝色羽绒服。转眼间到了春天，春天的耶鲁美得让人沉醉，湛蓝的天空，明朗的阳光，随处可见的繁花，仿佛积蓄了一个冬天的力量，只为此刻的绽放。趁着春光明媚，我遍访了纽黑文的各个角落。

我最喜欢也最经常去的两个地方，一个是图书馆，一个是音乐厅。图书馆厚重的大门，古老的书库，静谧的阅览室，都能激起人们对于学术的敬畏。除了借书还书，我基本都待在东亚图书馆，因为那里有我喜欢的带有深绿色软垫的椅子，相比北大图书馆那些方方正正的木头椅子真的舒服很多，在那里学习一整天都不觉得累。音乐厅经常举办各种免费音乐会，演出质量很高，音响效果也非常棒，我去过很多次，发现来听音乐会的也是年纪大的人居多，可能古典乐在美国年轻人当中也不是特别受欢迎。有一次美国海岸警卫队乐队来演出，非常精彩，有一首曲子我在听的时候竟然仿佛看到了广阔无比的大海，那种体验真是妙极了……

学期结束后，我开始到各地游学，游学回到耶鲁就该告别了。以后有机会，希望某个金秋岁月能够再回耶鲁，感受耶鲁。

二 学术体验

我们到耶鲁的时候正是新学期开始，学生们都在忙着 shopping 课程，我也跟着试听了好几门课，很是兴奋。Shopping Period 过了之后，在金老师的指导下，我最终确定了三门课程。之前一直很想体验一下美国魔鬼式的学术训练，这次终于如愿。几个月下来，看资料、写论文、做发言，忙得昏天黑地，但收获还是蛮大的，因为每位教授的课都风格鲜明。

约翰·迪莫斯教授的美国早期史课程偏重于社会史方向，他经常会带一些据说是殖民地时期用的工具来，还会讲一些个人体验，让我认识到充分而合理的想象对于历史研究来说是十分必要的。记得有一次课堂上，迪莫斯教授让大家提一些跟早期移民到达新大陆之后相关的词汇，大家提了很多。迪莫斯教授结合自己在一次体育运动中的亲身感受，提出了“恐惧”和在恐惧驱动下人们的各种非理性行为，包括当时盛行的巫术以及由此形成的各种权力争夺关系，对于美国早期移民的影响，这也是他的著作 *Entertaining Satan*：*Witchcraft and the Culture of Early New England* 的主题。这让我不由想起在国内看过的话剧《萨勒姆的女巫》以及在耶鲁大学英国艺术中心看过的几部关于美国早期史的电影，再次加深了我对于美国早期史的理解与认知。

刚从哈佛大学做完博士后的 Patrick Cohrs 开设的是国际关系课程。他每次课上都能提出很多睿智的问题，显示出了年轻学者锐意进取的一面。从他那里，我意识到逻辑在国际关系理论学习中的重要性。上这门课的学生也更加国际化，口音也重，我需要更加努力地去听。在这门课上，我做了一次 presentation，幸亏有 Masato 帮忙，提前将稿子的英文做了修改和润色，即使这样发言的时候我也紧张得不得了，估计很多发音也是有问题的，但老师和同学都给以鼓励，只是提问环节实在没能很好地应对。Patrick Cohrs 的性格应该是属于比较含蓄的，记得有一次看到外面春光明媚，尽管他穿着非常修身的西装，但还是带着大家去草坪上上课。课程结束后，正巧我的导师王立新教授也到了耶鲁，就邀请 Patrick Cohrs 和另一位耶鲁老师到我住的“豪宅”吃饺子。吃完水饺，大家边喝酒边聊天一直到很晚，主题是跨文化的国际关系，几位老师还听了我在日本的留学经历和感受。

另外值得一提的是，我的导师王老师虽然是作为富布莱特访问学者到耶鲁的，但是自己租的房子条件远比不上我们这个项目所提供的住所。所以在我师妹刘青来耶鲁看我们的时候，王老师又邀请约翰·加迪斯教授夫妇到我住的“豪宅”来吃饺子。因为学术功底及语言能力的问题，我没能参加加迪斯教授的课，但因为王老师的“饺子外交”却让我有机会见到了大名鼎鼎的加迪斯教授，已经十分满足了。

我选的第三门课程是墨西哥裔的 Seth Fein 教授开设的“20世纪美国国际史”，实际上这门课更偏重于文化史。Seth Fein 教授很幽默，上课极为投入，很受耶鲁本科生的欢迎。因为他本人是研究电影史的，因而课件中经常会用到某些电影片段，还有各种图片，也会讲到很多艺术家和他们的政治观点。通过他的课，我发觉如果要从文化的角度出发研究历史的话，研究者的直觉或者感观很重要，因为文化现象有时单靠理性分析是很难接触到其本质的。后来我在春假期间到各地游历、参观美术馆的时候，也会从历史与艺术相结合的角度，结合时代背景去欣赏那些名作。

总体来讲，美国的学术训练具有以下几个特色：首先，教授们的授课方式不拘一格，都带有很强的个人色彩。其次，学生是课堂的主体，学生的发言总能得到教授的热情鼓励，学校很重视培养学生的口头表达力、想象力、思考力以及与他人合作完成某个项目的能力。最后，学科间的交流与合作比较频繁，很多课是由不同学科的教授合开的，即使不是合开的课程，教授们也很注意吸收和介绍其他学科的理论与方法，因此培养出来的学生都具有很强的跨学科的理论背景。

上课之余，我的另外一个重要任务就是补充搜集论文资料。耶鲁大学图书馆真是一个取之不竭、用之不尽的宝库。最棒的是自己可以进入书库，在那些狭窄、陈旧的书架之间寻找自己想要的书，有些年代久远的书上虽布满灰尘，但翻开之后那种喜悦是无可比拟的。因为时间有限，我只能挑选部分与自己博士论文写作关系最为密切的书扫描、拍照，那段时间每天都要搬运一些书。由于在去美国之前，我已经在日本收集到了很多博士学位论文写作需要的原始资料，所以此次去美国，我主要前往马里兰大学，那里有关于占领时期日本各种报刊资料的专门收藏。在马里兰大学，我不仅搜集了一些珍贵的原始日文资料，对我论文是很必要的补充，也见识了美国大学图书馆在档案保存整理方面的专业与敬业。

另外，春假我去波士顿游学时，还在哈佛大学旁听了一个题为“国际史中的性别研究”的研究生会议，印象最深的有两点：一是参加的教授很多，而且都是这一领域的知名教授，显示出西方学界对培养后学的重视，这也是西方学术界能够不断推陈出新的原因之一；二是讨论十分热烈，特别是教授之间，他们往往是直抒己见，没有任何避讳，讨论所产生的思想交汇很容易感染在场的每一个人。参加此次研究生会议还有另外一个重要收获，那就是见到了“美国外交史研究的文化转向”提出者、著名的美国历史学家入江昭先生，激动之余也感到十分幸运。

图 1　作者于哈佛大学图书馆

三 游学经历

作为一名美国史专业的研究生，专业学习之外，亲身体验美国的历史风情、社会文化对我来说同样重要。没去美国之前，经过四五年的学习，对美国的认识相对来说还是比较全面的，但说不上准确和真实，总有些一厢情愿的看法。只有在到了美国之后，美国对我来说才变得真实、立体、丰富起来。在体会美国现代与发达、自由与民主的同时，也看到了美国狭隘与保守、偏执与迷信的一面。半年的时间太短，还不足以参透什么是真正的美国，但要从中窥之一二的话还是可以做到的。

美国东部是了解美国历史与文化的最好去处，光是波士顿、纽约、费城、华盛顿这几个比较著名的城市就够你逛上一阵子了，波士顿的“自由之路”、纽约的“自由女神”和“大都会博物馆”、费城的“自由钟”和“独立厅”，华盛顿就更不用说了，国会山、白宫、国家图书馆、华盛顿纪念碑、林肯纪念堂、阿灵顿国家公墓以及众多的博物馆、艺术馆真的让人流连忘返。除了这些大家都熟知的景点，这些地方周边还有许多大大小小的历史景点值得探索，所以要完全走下来恐怕得个一年半载的。我指的不是一般的观光，而是真正意义上的游学，结合美国的历史，体验美国的社会与文化。因为时间有限，我也没能做到这一点，只是在这几个城市初步体验了一下。即使这样，我也已经很满足了。当我第一次看到自由钟，第一次站在温斯罗普的墓碑前，第一次走进《独立宣言》签署的房间，第一次站在美国先贤们曾经生活的土地上的时候，我感到自己已经可以“触摸”美国历史了。美国历史对我而言不再那么遥不可及，它是那样的具体和真实，以至于我似乎能够感受到它的脉络。

在华盛顿的国家肖像艺术馆，我用了一天的时间，从殖民地时期一直看到当代，相当于读了一本活生生的美国史。我的硕士学位论文写的是美墨战争期间美国国会大辩论，其中诸多众议院、参议院议员的名字着实让我苦恼了一阵子，但在国家肖像艺术馆，那些名字再次出现在我面前，还配有肖像画，真有种不期而遇的感觉。在美国政治中心华盛顿，我不仅参观了美国的主要政治机构，还去了一趟阿灵顿国家公墓，真正体验到东西方文化在这方面的差异。阿灵顿国家公墓不仅风景优美，参观的人也很多，换岗仪式很神圣，中心广场还会举行一些活动。我去的那天正赶上是美国阵亡将士纪念日，在大街上还有游行，游行队伍按照时代演进或是不同团队组成，还有由退伍老兵组成的机车队，总体感觉比较欢快。

美国中部是了解美国农业、工业，欣赏美国自然风光的地方，这里所体现的美国文化与东部有很大的不同。因为时间有限，我这次没能去那边，只能等以后有机会再去体验。西部的阳光和海滩很迷人，加州的几个著名城市都很美丽，特别是旧金山，再加上洛杉矶的迪士尼乐园、好莱坞影城，吸引了大量的观光客，旅游业很发达。同时，加州也是了解美国移民史和移民文化，特别是亚洲移民史的好去处，很多研究亚裔美国人的学者都会到这边搜集资料。我在西部仅逗留了三天，探望了还在加州大学欧文分校读博的同学。在洛杉矶我乘坐公共汽车，先后穿越

“穷人区”和“富人区”，最终来到闻名遐迩的盖蒂中心（Getty Center）——一座建在山崖处的花园式美术博物馆，这也是一次特别的经历。另外，欧文海边各具特色的小画廊，圣地亚哥浓浓的墨西哥风情，都让人流连忘返。

四 艺术观摩

在去美国之前，我对西方艺术基本不了解。所幸的是，在耶鲁同住一屋的是北大艺术学院的熊焰，她长我几岁，对西方艺术很有研究，也来过美国几次，时不时会给我讲美国的艺术馆。在她的影响下，我在制定游学计划的时候把参观博物馆、美术馆作为重点之一，开始了自己的艺术启蒙之旅。第一站自然是耶鲁大学英国艺术中心，这是我们从公寓到图书馆的必经之路，所以会经常在那里停留一下，欣赏一下英国浪漫主义风景画家透纳（Joseph Mallord William Turner）的画作，我还在那里看过几部关于美国早期移民的影片。第二站是纽约，这里博物馆、美术馆、画廊林立，既有像大都会这样的知名大型美术馆，也有像弗里克收藏馆（Frick Collection）这样小而精的私人收藏馆。赶上博物馆日的时候，博物馆随便逛，博物馆一条街上还有很多艺术活动，真是让人流连忘返。

后来，我还去过据说是美国最古老的美术馆，费城的宾夕法尼亚艺术学院（Pennsylvania Academy Of The Fine Arts），收藏有很多美国美术界的杰作。波士顿的伊莎贝拉嘉纳艺术博物馆（Isabella Stewart Gardner Museum）收藏的都是西方油画、雕塑、装饰艺术中的精品……记得在弗里克收藏馆，一位老太太很热情地带我参观，非常兴奋地指着一幅油画对我说："看，这就是惠斯勒（James Abbott McNeill Whistler）的作品。"但我却一脸茫然，老太太看我没什么反应，只好无奈地让我随意转转。后来再去美术馆，我都会租语音导览机，仔细听讲解，既锻炼了英语听力，又增长了艺术知识。在离开美国的时候，我已经对西方艺术大师们有了不少了解。在欣赏欧洲艺术大师杰作的同时，我特别留意美国画家的作品，将他们与美国各个历史阶段、美国各地特色结合起来观摩很有意思，比如，美国风景画中的哈德逊河画派以及描绘美国西部的风景画就很有美国特色，表现了美国人在移民过程中对于荒野和大自然的情感。我还买到一本《美国绘画》（The American Painting），这本书系统介绍了美国各个历史时期的油画，对于了解美国历史很有帮助。回国后，我还曾联系过博物馆，想将其翻译为中文出版，可惜被拒绝了。

应该说，此次耶鲁之行，为我打开了艺术之窗，极大地丰富了我今后的人生。

五　感恩致谢

文章的最后一部分特别用来向史先生和金老师表达感激之情。在参加项目之前就听过史先生的讲座，那时还觉得大师遥不可及，没想到因为这个项目能够与史先生、金老师有那样近距离的接触。我个性比较拘谨，也不善谈，临行前一直比较紧张，直到见到史先生和金老师。史先生的纯真、和蔼，金老师的热情、健谈，打消了我的顾虑，即使我依然话不多，但却很享受跟史先生和金老师在一起的时刻。在史先生和金老师家里，我们不仅品尝了金老师制作的美食，还听到了金老师在实验制作美食过程中与史先生的那些趣事，见识了史先生家后的小树林与“呦呦亭”，还有史先生亲手制作的小木桥，当然还有那只喜欢眼巴巴看着你要吃的、睡起来会像小孩一样打呼的小狗。一切都是那么轻松、美好。

史先生和金老师还特意带我们去看了一场电影。去电影院的路上，金老师跟我们谈起史先生发明的关于康熙的小笑话，还说史先生每次总是着急去看电影开始之前的各种电影片段，现在每当我到电影院总会想起这个小细节。后来猜想，史先生的著作开头都非常吸引人，那些电影宣传片从某种程度上也具有这样的功能，所以史先生才会格外关注吧。那天我们看的是关于滚石乐队的纪录片 The Rolling Stones。我是个很无趣的人，之前不要说摇滚，就是流行乐都听得少。那天在看到滚石乐队主唱跪在舞台上，亲吻舞台，告别舞台的时候，我的眼眶湿润了。回国后，我开始听些摇滚，感谢史先生和金老师，让我对摇滚有了更深层次的认识，也让我的生活不再那么无趣。

回想起在耶鲁跟史先生和金老师相处的那些日子，依然那么清晰，我甚至能回想起金老师做的大虾的味道，真的很好吃。唯一遗憾的是，当时过于羞涩，都没有跟史先生和金老师合影，好在史先生和金老师后来又来过北京几次，我们有合影留念。想想真是幸运，我们不仅获益于项目带来的种种便利，还享受了史先生和金老师如此真切的关心和照顾。

最后，还要感谢项目的中方负责人牛大勇老师。牛老师在担任北大历史系主任期间，在推动国际交流方面做出很多贡献，我们是直接的受益者。当然还要感谢北京大学国际合作部的大力支持，感谢耶鲁大学历史系老师、同学的热情帮助！得知该项目结束，多少有些遗憾，希望我们的这本书，能够让学校有所借鉴，在国际交流方面促成更多、更好的项目，为更多学子提供开阔视野、增长学识、提高素养的机会！

与耶鲁大学美术馆相伴的日子

| 熊　焰 |　艺术史博士，2008 年北大—耶鲁博士研究生交流项目参与者，旅居美国

写在前面的话：

2007 年秋末，我关于圆明园画家村研究的选题没能通过北京大学艺术学院的博士学位论文开题报告，失落、无奈，甚至想从此远离北大之时，却颇为意外地得到了赴耶鲁大学访学的机会。由于得到史景迁先生和金安平老师的关照，一学期的耶鲁生活充实并且美好，我视之为珍宝。2018 年春天，历史学系的牛大勇老师召集十余年来受益于该交流项目的将近三十位同学，希望编撰文集，纪念这一“很难再有，几成绝唱”的美中一流大学间的博士生交流项目，在回忆曾经的美好之外，也略表大家对于史先生夫妇的感激之情。

2008 年冬春，我作为交换生在耶鲁大学艺术史系学习。一同

前去的共有三名北京大学的博士研究生，我们分别在不同的院系学习。在耶鲁期间，我们一直得到史景迁先生和金安平老师的关照。我们抵达之前金老师就已经把我们的起居饮食安排妥当，公寓的冰箱里备好了足够一周的食物，所有这些现在想起来都觉得温暖。记得我们是周一晚上到的纽黑文，周三我就坐在教室里开始上课了。

史先生为人谦和，少有架子，平日里总是穿一件磨了边角的外套，开有年头的旧车。记忆里史先生唯一炫耀学问的时候是对着 LOUIS LUNCH EST. 1895（纽黑文一家很受当地人喜欢的牛肉汉堡店）的标牌说："光绪二十一年。"

史先生是耶鲁历史系的荣誉教授（Sterling Professor），当时他讲授的中国近代史课程安排在耶鲁法学院最大的教室上课。史先生讲课不用电脑，也很少板书，手里一页纸而已，但台下座无虚席、聚精会神。那时候的我其实是带着各种刻板印象、谨慎地注目这位著名汉学家的；而史先生审视和讲述历史的角度和方式，对于我观察中国当代艺术史的影响似乎直到今天才逐渐清晰起来。

耶鲁提供给我们的公寓名叫"剑桥牛津公寓"，建于 1926 年。遥想耶鲁当年，竟也是以剑桥牛津马首是瞻。老旧的电梯属于古董级别，电梯门是需手动推拉的铁栅栏，虽然很是费劲但我非常喜欢，直到现在都会想念。公寓紧邻校园，设施齐备、维护良好。

从剑桥牛津公寓到耶鲁大学美术馆（Yale University Art Gallery，简称 YUAG），步行仅需五分钟。美术馆由新旧两座楼连接组成，耶鲁艺术史系也有部分办公室和教室位于其中。在耶鲁的那个学期我旁听了五门艺术史课程，其中，“西方艺术史：从文艺复兴到现今”（History of Western Art from Renaissance to Present）以及“希腊艺术和建筑”（Greek Art and Architecture）都是在 YUAG 上课。另一门讨论课“佛祖涅槃图图解”（Picturing the Death of Buddha）有一半的时间是在 YUAG 的一间工作室里研习一幅新近馆藏：《佛祖涅槃图》。

我第一次与一个博物馆如此近距离相伴，几乎每天上完课，我都会去 YUAG 待一会儿，或长或短。凡·高的《夜咖啡馆》和博伊斯的《绿色小提琴和电话》是我最喜欢的两件作品。

图 1　耶鲁大学美术馆外观

凡·高的作品虽然被质量参差不齐的海量复制品拉下了神坛，但是见到真迹，见到那明黄的灿烂，还是会激动，或许真有一种叫作“魂魄”的东西，只有原作才会有吧。我之前对于博伊斯的印象是“战士”和“斗士”，要么“扫地”，要么“头破血流”。但他用绿色小提琴和生锈的洋铁罐构建了现代版的“高贵的单纯，宁静的伟大”，观者很难不为所动。

我最喜欢 YUAG 现当代以及古希腊的馆藏。现当代部分的藏品并不是很多，但不乏精品，如杜尚的《三个标准障碍物》，基弗尔的《未生者》，安迪·沃霍的《花》。另外，还有劳森伯格、贾科梅蒂、毕加索等的作品。

古希腊和罗马展厅有整片的南向落地窗，这样的布局与一般博物馆尽量回避自然光的做法相悖，但是阳光似乎给了古旧展厅里年代久远的雕塑和器物生命的气息，让人感觉不到古文物展厅通常会隐隐透出的阴森和腐朽。我时常会为那些红地黑画和黑地红画的陶罐着迷，忘却时空。

希腊艺术和建筑的授课老师是一位满头小卷发的以色列裔女教授，除却英文，还精通希伯来文和希腊文。遇到图片上的铭文，她常常读出来，翻译给我们听。她说，因为是本科生的选修课，所以对大家的希腊文不作要求；言下之意，倘若是研究生作希腊艺术研究，希腊文是必修课程。记得其中一堂课的上课地点是位于 YUAG 地下的工作室，大工作台上摆满了 YUAG 收藏的不同时期的希腊陶瓶。老师戴着白手套，可以接触陶瓶；我们二三人一组，围坐在工作台前，不能触碰陶瓶，但可以极近距离观察器物。我们被告知工作室内有监视录像，但玩笑式的口吻并不让人感到压力。还有一堂课我们被告知在纽约大都会博物馆集合，老师带领大家看大都会的希腊收藏。

YUAG 虽然没有海量的收藏，但是不愧为跨越时空的小百科全书式博物馆，许多藏品来自于校友的捐赠。耶鲁开设的相关课程可以申请使用 YUAG 的馆藏，相关专业的学生可以申请 YUAG 的兼职工作。一所大学的博物馆能够达到如此水准，真是让我羡慕不已。

图 2　作者于耶鲁大学美术馆

耶鲁之缘

| **林健聪** | 法学博士，2008 年北大—耶鲁博士研究生交流项目参与者，现任职于苏州元禾控股股份有限公司

我博士期间的研究课题涉及《联合国宪章》的解释问题，这不仅要研究《联合国宪章》本身，更要了解联合国的发展历程，特别是长期以来所形成的国际实践。联合国总部在美国，美国对联合国问题的研究成果以及保存的历史资料相对比较丰富。2007年下半年，因一次偶然的机会，我了解到史景迁先生所支持的耶鲁—北大博士生交流项目，该项目对于像我这样渴望到美国一流大学学习和交流的人来说实属难得，因此我毫不犹豫地递交了申请。在北大法学院饶戈平老师和宋英老师的推荐下，我幸运地获得了面试机会。

就在面试选拔结束后不久，金安平老师就从美国给我打来祝贺电话，这让我十分感动。在电话中，金老师给我提供了关于住宿的详细信息，让我消除了如何在一个陌生城市安顿下来的担

心。当我和其他同行博士生抵达美国纽约机场时，接机人员已经在机场大厅里等候我们，并第一时间把我们送到耶鲁大学。

当我们到达耶鲁大学校园时，史景迁和金安平老师给予了亲切的欢迎。他们不仅提前在我们住所的冰箱里准备了数天的食物，还邀请我们共进晚餐。除此以外，为了帮助我们尽快安顿下来，他们还安排了一名学生带领我们到各个管理部门完成有关手续。

安顿下来以后，我迫不及待地开始学习和交流，整个过程更是得到两位老师的大力相助。

首先，我获得与教授们和同学们交流的机会，可以选修历史学院、法学院的课程。其中印象最深刻的，是史景迁老师帮我联系了法学院的W. 迈克尔·赖斯曼（W. Michael Reisman）教授。赖斯曼教授自1965年起任教于耶鲁大学法学院，是迈尔斯·S. 麦克道格尔（Myres S. McDougal）国际法教授，曾到东京、柏林、巴塞尔、巴黎和日内瓦等客座讲学。他是世界艺术和科学院院士并曾任执行委员会成员、美国国务院国际法咨询委员会前成员、国际清算银行仲裁庭主席、对外政策协会董事会成员。曾任美国国际法学会副会长兼名誉副会长、《美国国际法杂志》主编，并在许多国际案件中担任仲裁员和律师。他的论文集《国际法：领悟与构建》恰巧于2007年被翻译成中文在国内出版。真没想到，我在北京读到该论文集之后不久，就有机会到现场旁听赖斯曼教授的讲课，更有机会到他的办公室，当面听取他对我博士学位论文框架思路的意见和建议。由衷感谢史景迁和金安平老师给予我这样珍贵的求学机会！

其次，我可以使用耶鲁大学丰富的图书馆资源，得以翻阅许多珍贵的历史文献和学术著作。耶鲁大学有多个图书馆，每一个都特色鲜明，例如作为耶鲁大学标志性建筑而众所周知的斯特林纪念图书馆、通过半透明大理石墙壁实现采光的拜内克珍本善本图书馆，以及充满故事性的法学院图书馆。美国前总统克林顿与其妻子希拉里的第一次正式交谈，就发生在法学院图书馆。据说当时希拉里发现克林顿总往她这边看，于是走上去对克林顿说："如果你再继续这样盯着我，我也将一直盯着你，我看我们最好还是自我介绍一下，我叫希拉里。"当我坐在法学院图书馆里，不禁会想，眼前的这些年轻学生，说不定二三十年后成为美国政界或司法界的重要人物。

图1　耶鲁大学斯特林纪念图书馆内部

除此以外，我还被多次邀请参加学生聚会和学术沙龙，其间我认识了不少美国当地的好朋友，获得了满满的融入感。其中一位好朋友叫戴维·林，美籍华人，在美国出生、长大，虽然有着华人的外表，但却不懂半点中文，也从来没有到过中国。他对学习中文并了解中国文化很有兴趣，于是我们相约每周抽两个半天时间一起学习交流。我会教他一些基础常用的中文词汇和语句，并介绍中国的发展现状；他会带我体验校园以外的美国社会，带我一起滑雪、聚会、吃龙虾。我对他印象最深刻的是他玩的时候很尽兴，学习时候很专注。我快要回国的时候，得知他将要到哈佛大学医学院攻读研究生，真心为他感到高兴。

在整个学习交流期间，史景迁老师和金安平老师不仅给予我们学习上巨大的帮助，还一直关心我们的生活，经常给我们打电话和发邮件，邀请我们到他们家里用餐。回想起来，当时那几道美味的菜肴、那一片别致的小庭院、那一缕温暖的夕照，以及尊敬而又亲切的两位老师的言谈举止，如今仍历历在目。

充实而又快乐的学习时光总是过得很快。虽然只有半年的交流时间，但我的收获却是巨大的。我不仅为博士学位论文的写作搜集了许多资料，还深深地感受了耶鲁大学的学术氛围和人文气息。衷心感谢史景迁老师和金安平老师提供这样一个难得的机会，我知道这必定是我学习生涯中最为难忘的经历之一。

寻踪耶鲁

| 丁　凡 |　政府管理学院博士，2009 年北大—耶鲁博士研究生交流项目参与者，现任职于中国人民大学国际关系学院政治学系

2009 年 1 月，我与王蕊、刘义勇一起来到了耶鲁，开始了我在这里为期 5 个月的难忘时光。能够获得这个难得的访学机会确实非常幸运。我本非历史专业，基本上我就是抱着“不试白不试”的心态去参加面试的，状态比较放松，表现自然也比预计的要好。所以，尽管我的研究计划还十分简陋，但还是引起了面试委员会挺大的兴趣，毕竟已经很多年很少有政治学理论专业博士生有兴趣以黑格尔为研究对象了。于是，几天后的一个晚上十点多，我刚好在一次读书活动结束后与几位同道一起溜达，这时手机铃声响起，屏幕显示的是“未知号码”，我觉得可能有情况，接听后发现，竟然是金安平教授远越重洋打来的国际长途“复试”电话！金老师先用中文向我简单交代了一下此次通话的目的，然后就用英语开始了正式的复试，在认真听完我关于黑格尔

政治思想研究对于反思现代政治与当代中国的重要意义的概述后，金老师表示了认可。又过了几天，我得到了期待中的通知。

接下来就是紧张地办理签证和机票并做各种准备等。遗憾的是，尽管我们一分钟都没有耽误，但最终还是没能赶在开学前到达耶鲁，这使得我们三人的选课都遇到了不大不小的问题。在美国的任何一所大学，错过第一堂课的负面影响都是很大的——这至少是我得出的第一条“经验”吧。我在经过一段手忙脚乱的适应期后，最终只选听了一门课程——斯蒂文·B. 史密斯教授的政治哲学讨论课，但是我又难过地发现，自己的英语水平实在无法满足正常上课的需要，美国本科生的“日常英语”实在令我不知所云。我在一次与史密斯教授的一对一谈话中提到过这个问题，他竟然笑着说：“其实，很多时候，我也不知道他们在说什么。”这也算是对我这个远人的一点安慰吧。虽然听力方面有些无奈，不过好在阅读材料并未超出知识范围，我也通过与史密斯教授一对一的谈话了解到，自己的理解水平还是可以的，在黑格尔问题上，我的许多理解与提问甚至出乎教授意料。我其实与许多中国学生一样，都对事关“千秋万代、天下苍生、世道人心”的“大问题”始终保持着高度的热情与关注。美国学生的关注点与我们大不相同，他们更关心抽象的“权利”以及对世界的“领导”，并且在谈到后者时，往往难免会忘记前者。

课堂学习之外，最重要的学习工作就是跑图书馆了。这是令人十分兴奋的事情，耶鲁图书馆的服务真的是很棒。丰富、便利以及受尊重感，这是我当时最有直接感触的三点。当时觉得，国内大学在这几个方面确实有些差距。我在这里接触并“搬”回去了大量的重要资料。现在回想起来，耶鲁大学的优质服务其实是有许多现实原因的，并非完全出于对“文化”以及“文化人”的敬重。美国政治、社会的深层逻辑都在其中发挥着作用。对于占据很大比例的来自工薪阶层的“穷学生”而言，图书馆的服务令人感到温暖的首要原因是——真的可以省很多钱。美国的书比国内确实贵太多了，国内很多学生自己就有满满几书架的书，很多重要的或经典的著作都自买自藏了。美国学生基本都得靠图书馆，所以有些“紧俏”的书，流通时间就非常短，最短的借阅时限就一天，仿佛“隔夜拆借”一般，大量的冷门书都是一年为期。这两种情况都是我在国内没见过的。

我个人最神奇的经历或收获，是我在耶鲁取得了最大的学术上的收获——顿悟（当然，也有可能是一个“误会”）。黑格尔的哲学体系规模庞大、论证严密而复杂、语言极度晦涩，阅读学习过程就已经极尽痛苦，做起研究来就更是艰难十倍，我扑在黑格尔原著与二手文献上的时间已有近三年了，仍然无法找到一条贯穿始终的完美线索，既能解释黑格尔的体系的一切部分，又能解释其中的矛盾，还能准确地评价其理论策略的得失……而这些痛苦在我即将离开耶鲁回国之际，突然一下全部消失了，一个完美的框架突然浮现在脑海中，霎时间，黑格尔佶屈聱牙的语言一下子变得无比清楚，他的哲学雄心、政治关怀、理论策略等一下子都变得简明易懂……我在一阵狂喜过后，冷静下来仔细地进行了数次验证，终于确定自己没搞错，至少在“自圆其说”上不存在任何问题。我长出了一口气：根本问题终告解决，不虚此行！

也许我得说，博士学位论文的巨大压力剥夺了我此行的许多乐趣，但是我丝毫不觉得遗憾，在琢磨论文之余，我见到了许多难忘的情景——观看毕业典礼与希拉里被授予名誉法学博士学位并不在其中。那天我只是在外闲逛，无意中“撞见”的。仪式与国内略有不同，跟国内相比，毕业生数量不是很成规模。学位授予时，十二个学院的院长依次对校长“喊话”，今年某学院某及某专业有多少人通过了某学位论文的答辩，他们是谁谁谁（念出每个姓名），我请求校长先生代表学位委员会授予其某某学位。台下观礼的主要是盛装出席的学生家长。新任国务卿的希拉里出现时，人群中还是发出了一些尖叫声。

令我印象最深刻的，是史景迁教授与金安平教授。说来十分惭愧，我在去美国的飞机上接受王蕊同学“科普”之前竟然都不知道金教授与史教授有何关联，对于史景迁教授，我也只是略知其名而已。没想到，到了美国第一晚竟然就是在两位教授家中度过的，这样细致体贴的安排，令我十分感动，尤其是后来了解到两位在学术界的崇高地位之后就更加感叹。史教授的温文尔雅与翩翩风度，完全就是中国君子“温其如玉”的风范，金教授的温婉娴雅就更是令人敬爱。

另一件令我印象深刻的事情是耶鲁大学历史系专门为史教授（时年 73 岁）荣休而举办的学术讨论会，藤校学者群体也给我们留下了难忘的印象。有一位女教授所报告的论文是关于中国的“龙脉”的，她图文并茂、旁征博引地讲述了中国人对这个令在场绝大多数听众难以理解的东方神秘事物的理解与态度，最后陪着大家用一个不解的表情结束了发言。提问阶段有人问龙脉到底是个啥，她说她也不知道，反正中国人挺在意这个。我当时有些奇怪，为什么要关注这些边边角角的琐碎，尤其还是其本人都无法理解的琐碎？研究中华文明的根本精神或道德理想不好吗？这些大道理难道真的很容易理解并超越吗？比如，“正大光明”或者“自强不息”？研讨会最后一个环节是致辞，时年79岁的哈罗德·布莱姆（Harold Blam，1930—2019年）在一个年轻人的搀扶下走上讲台的那一刻，我好好地感受了一下什么叫“气场”。这位好斗的、著作等身的、主张莎士比亚式“高端”文学、反对一切带有反抗意味的“仇恨”文学的犹太裔保守派文学教授，用他一贯的不容置辩的权威声腔狠狠批评了时下本专业、本系、本校、文学界乃至美国文化领域的种种“不良”趋向，公开抱怨他的许多重要主张都被当局以“小人”手段扼杀掉了，最后，他还是依礼对史景迁教授表示了赞扬与祝福……研讨会最后当然是史教授致辞，主要内容就是感谢。那应该是他当天唯一的一次公开发言。活动结束之后就是例行的酒会。整个过程给人的感受是很不错的，淡然，常规，很有档次。学者的生涯，至此便可称圆满。

眨眼十几年过去了，每次回想起这段经历，都会生出许多感慨，其中最多的还是感谢，感谢史教授、金教授，还有牛大勇教授！

耶鲁琐记

| **刘义勇** | 历史学博士，2009 年北大—耶鲁博士研究生交流项目参与者，现任教于上海师范大学人文与传播学院

2009 年 1 月，我与王蕊、丁凡一起，从北京乘机到达纽瓦克自由国际机场。刚出机场，就有金老师专门安排的司机迎接我们。车上给家人电话报了平安之后，便飞驰来到位于纽黑文市附近的金老师的家中。当时纽黑文下着大雪，车停下来后，金先生和史先生就出门迎接我们进屋。第一次见面，大名鼎鼎的史先生正是我想象中大学问家的模样，眼神中透露着深邃与智慧，的确如盛传的那样，长得很像一位著名英国影星。金老师温柔亲切，热情好客，对我们关怀备至。当时本来已经在飞机上吃过晚饭，但金老师仍然为我们准备了热气腾腾的海鲜汤。消夜十分可口，但后来王蕊告诉我说金老师看到我似乎难以下咽，听到这让我感到很过意不去，可能只是我有些拘谨引起的假象吧！吃饭的时候，话题很自然地转向美国刚刚结束的大选。奥巴马、希拉里、

小布什成了下饭的“谈资”。由于国内那点可怜的英语到这里就完全“失灵”了，因此全程进入四六级听力考试模式，我只记得金老师跟我们吐槽了好长时间的小布什，觉得很有趣。这也许就是美国公民的一种政治责任感，一种“心灵的习性”吧。晚上我就睡在金先生儿子的房间里，房间布置得特别温馨舒适。金老师又特地跟我聊了一段时间，了解了我的情况。很难想象她会有这样的耐心听我的流水账式的“简历”。她知道我英文不太好，鼓励我要多听，先听懂，再说。很惭愧地是至今仍然未能有大的进步。

第二天一早，金先生就开车送我们到耶鲁大学给我们安排的住处，又陪我们去超市买东西。我们的住处在 York Square Street，前面就是耶鲁法学院和历史系，我们上课十分方便，附近还有一块公墓，有不少耶鲁的名人埋葬在这里。旁边就是耶鲁大学的体育馆，我在这里养成了每天去健身的习惯。因此，虽然在这里生活过得很好，但是离开的时候体重并没有增加。可惜回国之后就把这个好习惯丢掉，然后迅速地变成了一个大胖子。我们的住处上下两层，设施非常好，烤箱、洗碗机、洗衣机和烘干机都一应俱全，从费城来的朋友们对此艳羡不已，大赞这是“豪宅”。金老师还特别安排一位日本的留学生 Masato 带我们熟悉耶鲁的校园，帮助我们适应新的环境。同行的王蕊由于英文很好，又非常能干，所以我算是坐享其成，不用怎么努力，很快就习惯了耶鲁的生活。等到后来其他在美国的中国同学来看我的时候，我已经开发出了一条从 Elm Street 附近的 New Haven Green 到冰球馆，再到耶鲁神学院的旅游线路，成为一名合格的当地“导游”了。

按照金先生给我们的推荐，我们去听了乔安尼·弗里曼，戴维·布莱特，John Merriman，约翰·加迪斯和 Patrick Cohrs 的课。每个老师都有自己的授课风格，因为专业的关系，约翰·加迪斯和 Patrick Cohrs 的课我基本是全程听下来的，而且在 Cohrs 课上我还自告奋勇做主题报告。记得一位印度女生做报告的时候特别紧张，从头到尾声音都在颤抖。我一直告诫自己不要像她那样，但最终轮到我的时候，还是出了些洋相，最终只能埋头念稿子。Cohrs 老师特别写邮件鼓励我，感谢我的参与。弗里曼老师本科生和研究生的课我都去听过，她说话语速非常快，特别有节奏

图 1　作者于耶鲁图书馆

感，听她上课好像在听饶舌一样，气氛很是欢乐；布莱特老师则慢条斯理，口音比较重，听起来觉得有些黑色幽默；由于上课时间冲突，仅仅听了 Matthew Jacobson 一次课，但感觉是一位非常有气场的教授；John Merriman 教授的课也慕名去听了几次。一些老师的课我还做了录音，回去慢慢听。不久之后，耶鲁大学推出了布莱特和 John Merriman 的公开课，至今我还时不时会打开来看，重温一下耶鲁的课堂氛围。

除了健身、上课、在图书馆搜集资料之外，我属于宅男和“家里蹲”类型，除非朋友邀约，很少到外面去见识新鲜世界。不过还是有一些小事让我久久难以忘怀。在美联航的飞机上我遇到一位在中国定居的美国大伯，他说他娶了一位重庆的妻子，他家的房子也是亲手盖的，跟我拉家常式地聊了好长时间。他告诉我，耶鲁大学是美国最好的两所大学之一。虽然是交换生，不过我似乎已经潜意识里产生了对耶鲁大学的认同感，然后中国式地谦虚了一下，我说，好像普林斯顿大学也很牛啊？他以不容置疑的口吻说，哈佛耶鲁是第一梯队，普林斯顿是第二梯队，接着又顺带评点了一些别的美国大学。曹操刘备青梅煮酒论英雄，而我则跟这位大伯在飞机上纵横指点论美国大学。有一次我在超市里面买了一袋苹果，一位路过的女孩告诉我说，她觉得我手里的苹果很好看，能不能送一个给她？我好像头一回遇到这样的要求，就大方地给了她一个。我把这件事告诉中国朋友，他们也都觉得难以置信，但是又觉得挺有趣。也许这也是美国人天真俏皮的一面？回想起来，有的时候，给予也能让人更快乐。看来我是赠人苹果，手有余香了。我在健身房经常遇到一位老爷爷，有一次在超市里面遇到他。他主动跟我打招呼，说他以前是耶鲁图书馆的管理员，并且开车带我参观了纽黑文市，一路给我介绍纽黑文市的历史。有一次，一位瘦弱的老太太拉住我，告诉我她害怕马路上的车，然后我搀扶她慢慢走到了对面。只记得在小学作文里瞎编过扶老奶奶过马路的好人好事，竟然在这里第一次成为现实。另外，一次去参加在耶鲁神学院举办的学术研讨会时，又有一位老爷爷拉着我，笑眯眯地听我介绍关于北京的情况。王蕊笑话我有“老人缘”，这让我颇有些不好意思。我想或许是我比较面善，容易接近的缘故？不管怎样，我想我感受到的并不是难以招架的文化冲击，而是所有人柔和友善的一面，内心深处共通、共鸣的一面。

我在纽黑文市从1月一直住到8月，期间从寒风凛冽、白雪皑皑，再到春光明媚、炎炎夏日，每个季节变换如今都可以像电影镜头一样在脑海中随意切换。在耶鲁这段时间，我还见证了金融危机时美国短暂萧条的景象，见证了迈克尔·杰克逊的离世，见证了猪流感疫情（当时以为是又一次非典），见证了美国足球队在联合会杯中奇迹般地战胜西班牙队。在8月乘机回到北京后，感觉自己仿佛经历了一场难以言说的巨大变化，心情久久不能平复。2014年的时候，我有幸在四川大学见到史先生夫妇，当时我在四川大学任教，两位老师在北京做完演讲后就顺道来到了川大。记得金老师当时嗓子哑了，而且由于行程较紧，仅仅寒暄了两句，只能在台下目睹金先生和史先生的风采。

时间已经过去9年了，这期间我完成了博士学位论文的写作，到高校工作也已经有了6个年头，很多事情的记忆都已经模糊，唯有多年前的这段经历记忆犹新，宛如昨日。永远记得耶鲁的美丽校园中，我所体验到的美国教育和文化；永远记得那些平凡小事；也永远怀念在那个“同治年间”的房子中，我所感受到的温暖。

耶鲁记忆

|王　蕊|　历史学博士，2009年北大—耶鲁博士研究生交流项目参与者，创办VOYAGE COFFEE

2009年1月，我和同系的刘义勇、政治系的丁凡一起飞到纽约。到达纽黑文时已是深夜，金老师煮了鲜美的蛤蜊招待我们，厨房里黄色的灯光与汤汁的热气，扫去寒气，当晚我们就睡在他们家二层的房间里。第二天早上，金老师送我们到各自的公寓，带我们去中国超市买熟悉的食材，还特地安排史先生的学生Masato帮助我们办理各种入学和居住手续。称金安平先生为金老师，是因为她待人非常温暖。金老师身上有我记忆里老师的样子，真诚地关心你，包括你的生活起居，在学业之外把你当个孩子一样地照顾。金老师喜欢做饭，喜欢美食，喜欢生活。她不仅指导我们如何在耶鲁选课，也推荐我们纽黑文当地的美食，不时邀请我们去家里吃饭，也带着我们去当地的比萨店和小酒馆，一起谈中国和美国，民国与当下，还有她卷在其中的家族史，里面

既有美国人对移民的帮助与包容，也有移民的辛苦与坚强。

称史景迁先生为先生是因为他时刻让你感到他的睿智和沉思，头发花白，目光深邃，说话不紧不慢，每次问史先生问题，他都不会匆忙回复，而是在思考之后再认真地回答你，时常带着幽默，即使面对琐碎和浅薄的问题，都不会让你觉得自己的提问很愚蠢。很遗憾我去耶鲁的时候史先生刚刚退休，没有机会旁听他的课，但我知道他的文笔异常优美，据他自己说是在剑桥读书时练成的。

耶鲁的人文氛围很浓郁，这种文化不仅直观地体现在它哥特式的建筑风格（哥特式的图书馆和中世纪修道院式的人文学院是最直接的感受）和它谦卑的起源（几位传教士带着仅有的书籍开始了耶鲁漫长的建校之旅），还在于与它接触的方方面面，其中最重要的是它对人的尊重，对知识和教育充满了使命感，无论是在系统和课程的设置上，还是和普通人日常接触的细微之处，无不感受到耶鲁对学生的重视和滋养，在学术和知识上的开放、包容与分享。

据我所知，耶鲁历史系的博士生入学之后不会首先开始论文选题，而是鼓励广泛、跨学科地选课和阅读，学习多门外语，开拓学术视野和思考能力，然后依据学生学术兴趣和长处选择研究方向，这个过程可以十分漫长。博士生除了有博士导师之外，还会有其他几位教授一起指导学业和论文，这几位老师的工作并非虚设，而是需要和学生不断地讨论，给予实质上的指导和帮助。进入写作论文阶段之后，最重要的是提交论文的第一

图 1　夕阳下的耶鲁钟楼

章，博士生会面对教授们最严格的审视和批判，如果通过就说明本人具有撰写博士学位论文的水平，后面就会比较顺利，如果没有通过就得重新思考和修正。这个过程充满挑战和压力，无论是学生还是老师都会非常认真而严肃。当时史先生虽然不再授课了，但是他还在指导博士生的论文。我曾经看见他和他的学生并排坐在学校庭院长椅上，认真地一字一句地讲授，学生在本子上一笔一画地记录，不时地点头。

我参加耶鲁项目的机缘在于我的博士学位论文的研究方向是燕京大学，作为一所由美国传教士创办的基督教大学，它的档案主要存放在耶鲁大学神学院。欧阳哲生导师建议我申请这个项目，以便查阅档案，收集资料，我于是提交了申请。牛大勇老师主持面试，金老师和史先生同意了我的申请。正因如此，在耶鲁期间，我花时间最多的地方就是耶鲁神学院图书馆，劳烦最多的人就是资料室的管理员 M 女士。M 女士大约四十来岁，金色的头发，圆圆的体型，充满活力，声音清脆活泼，有天她开心地告诉我她在一部电影里当了临时演员，我才知道在神学之外她还有这么有趣的第二职业。在美国 8 个月，大约有 4 个月都和 M 朝夕相处，经常资料室里只有我和她两个人。除了每天不厌其烦地帮我搬档案之外，她还帮助我复制档案胶片，介绍她的上司给我，帮助我联系纽约的协和神学院查阅资料。每一次都耐心而仔细，尽可能地提供资料给我，即使感冒生病了，她还是直直地坐在她的位置上，一丝不苟地看着电脑输录资料。

耶鲁有许多留学生，还有很多前来交流的学生和老师，除了读书之外，也有一些意想不到的偶遇。一次偶然，我接待了两位来自哥伦比亚大学的中国学生，她们在北京的时候跟随楼宇烈先生学习昆曲，此次来耶鲁特别拜访民国的才女、耶鲁的隐士——张充和先生。一个阳光明媚的周日上午，我随他们一同见到了 94 岁的充和先生。充和先生身材娇小，略施粉黛，言语之间经常会笑，用灵动来形容老人也许会让人不解，但我此刻回想她当日的音貌，还觉得她是我平生所见最像精灵的美丽女子。谈话之中可以了解，书法和昆曲就是她生命中的一部分，战乱和病痛都不能阻挡。我们到时她刚刚结束每日上午的书法练习，临走时她清唱一曲，声线之高亢，胜过同去的两位年轻的姑娘。

在耶鲁，我还遇到了几位北大学长和学姐，其中景平学姐和我在北大的谢慧师姐是同班同学，像谢师姐一样，她关心我们，乐于探讨、分享学术的信息，在和他们的交往当中我慢慢接触到了人类学、社会学和艺术史方面的东西。

2009 年 6 月，我在耶鲁忽然接到噩耗，年轻的谢慧师姐患病离开了我们。我忘不了 2007 年的寒冬曾去拜访她，她在北京四环边上矮小昏暗没有暖气吊着灯泡的平房里，给我讲北大历史学系和她的论文。送我出门时，在夜色里她反复说："做历史研究是很苦的，你要做好准备啊。"我一边走一边想到颜回，想"君子固穷"不过如此，谢慧师姐就像一盏灯，挂在我的心里。没有想到，谢慧师姐在最好的年纪这样走了。

2009 年 1 月，美国大选刚刚结束，耶鲁校友奥巴马成为美国历史上第一位黑人总统，整个耶鲁沉浸在兴奋当中，金老师和史先生因此而格外自豪，充满了一种知识分子群体为所当为的使命感。

回首耶鲁再前行

| 田武雄 | 历史学博士，2010 年北大—耶鲁博士研究生交流项目参与者，现任职于陕西师范大学历史文化学院

2010 年 1 月 7 日夜，我和谢琼、徐保军三人抵达美国纽约。2010 年 7 月 9 日夜，我返回北京。这期间，受“北大—耶鲁博士研究生交换项目”资助，我得以在耶鲁大学访学半年。这是我第一次出国。其间，我经历了人生中的许多个第一次，或许也创造了耶鲁历史上的若干第一。转瞬间，这段经历已是八年前的往事。八年间，我自己，甚至中国和美国，都发生了许多意想不到的变化。随着史景迁先生和金安平女士先后荣休，这项令数十位北大学生受惠良多的交换项目，也不得不终止了。回首往事，在耶鲁的这半年，弥足珍贵，令人难忘。无论是收获，还是遗憾，我都要对史先生和金老师表示由衷的感谢和深深的敬意！

作为历史学系的学生，我在本科期间即受益于史景迁先生的作品。保研面试前一天，我恰好在读先生的《追寻现代中国：

1600—1912年的中国历史》。面试时，当被问及读过哪些史学名著、有何评价时，我对史先生作品的评述可能令我加分不少，所以最终得以顺利保研。后来读到英文版的 *The Search for Modern China* 时，我才发现原来当年读的是删节版。到耶鲁后，春节时受邀在史先生和金老师家作客，我注意到先生书房里有该书各种语言不同版本的译本（占了书柜的整整两排）。

其实第一次见到史先生和金老师，是在2006年的“北京论坛”，他们应邀来北京。北大历史学系牛大勇教授邀请史先生作了一次学术演讲。印象中，并不算小的二院108会议室竟挤得满满当当、水泄不通。而我只能勉强在门口位置站着聆听。当时怎么也想不到，自己竟有机会和蜚声海内外的史景迁先生有更直接的接触，甚至在生活上得到他们夫妇无微不至的关照。

2009年11月下旬，幸运地入选“北大—耶鲁博士研究生交换项目”后，我们就开始与金安平老师有了比较多的联系。由于耶鲁1月初开学，我们必须在一个半月左右的时间里办好签证等手续，而当时我连护照都还没有！签证所需的耶鲁校方的邀请函、入选项目证明等文件还尚待从美国寄出。而且，为了省钱，我们在预约签证前就订好了机票。加之我当时还是无房无职业无固定收入的单身汉，属于所谓移民倾向很严重的人，被拒签的可能性很大。这意味着我们必须一次签过。在准备办理签证的过程中，金安平老师不仅通过邮件或电话告知各种注意事项，还积极为解决我们提出的各种困难和问题而协调奔走。所幸结果竟然出奇的顺利，我们三人的加急签证都一次通过了。印象中，签证官只问了我两三个很简单的问题：你去美国干什么？你的专业是什么？你的题目是什么？最后，告知我签证通过时，签证官还特意祝福我耶鲁之行顺利。我想，签证这么顺利可能和耶鲁的名气有很大关系，而金安平老师所主持的这一交换项目多年来良好的声誉，恐怕也是重要的因素。很难想象，如果没有金老师的帮助，我们这次跨国旅行会如此顺利。

得知我们的航班将于1月7日夜抵达纽约后，金老师还主动邀请我们当晚在她家晚餐并住宿。这真令我受宠若惊。本来想着我们当晚抵达后，吃碗泡面将就一下即可。没想到金老师早就替我们想好了，而且考虑得非常周到。由于航班晚点，等我们从纽约到达他们位于西黑文的家时，已是夜里近10点。这时，金老师已备好晚餐，和史先生一起在等我们。等我们匆匆吃完饭睡下，已经快12点了。至今想起凛冽的寒风中，史先生和金老师在门口迎接我们的情景，仍颇为感动。

第二天，史先生还亲自开车，和金老师送我们去早已安排好的公寓入住。到了公寓，我简直惊呆了：居然是一套两室两厅一厨一卫的复式公寓！客厅很大，后来我们和在耶鲁的朋友们多次举行过生日或其他主题的聚会。但金老师还是带有歉意地表示，由于预算紧张，没能给我们每人安排独立的卧室，感到遗憾。想想从高中到研究生住过的各种简陋拥挤的宿舍，我真不知该怎么答谢金老师了。放下行李后，史先生和金老师又开车带我们在耶鲁各部门办理注册登记手续，顺便让我们熟悉校园环境。折腾了大半天，到了下午，各种手续办好，送我们回公寓后，史先生夫妇才回家休息。

史先生当时早已年过古稀，开车陪我们转了大半天，怕是累得够呛。每想至此，又为当时没能谢绝他们的好意而深感不安。说实话，一回到公寓，我已累得不行，上下眼皮已经不停地在打架了。除了因为累，倒时差也是一个重要原因。其实在去耶鲁之前，我对时差已不陌生。因为和金老师邮件往来时，她如果要约我电话沟通，一定会提前告知北京时间是几点，美国时间是几点。但是之前毕竟只是换算时间的问题，对时差现象还没有切身的感受。到了耶鲁，才发现倒时差真的很痛苦。虽然初到美国，对一切都感觉很新鲜，整个人也很兴奋。但一到下午，就困得不行，真是不由自主。后来花了差不多两三周的时间，我才逐渐把自己的生物钟调整到美国时间。这段经历，对我后来做研究也有启发。我能够注意到以往研究者所忽视的时差因素，从时差视角研究西安事变史实，很可能跟初到美国倒时差的这段经历有关。(拙作《时差与西安事变时间之谜》，见《中共党史研究》2018年第5期。)

三周后，我们在耶鲁安顿下来基本适应了耶鲁的学习和生活环境后，谢琼、保军和我商量，邀请史先生和金老师来我们公寓作客，聊表对他们的谢意。虽说是请客，但由于我们的厨艺有限，尤其是我只能给他们两位打下手，所以只有简单的四五个菜来款待客人。尽管如此，那天史先生和金老师还是很高兴，大家聊得也很开心。大部分时间，金老师和我们都用中文聊天。而史先生则在旁边静静地耐心听着。偶尔，他也会忍不住用中文插一两句。有时，当史先生没听懂时，金老师就用英语给先生解释一番。然后，我们又继续下一个话题。那真是一个温馨而快乐的冬日午后。

图1　史景迁、金安平伉俪受邀来我们公寓作客时留影

又过了两周，就要到春节了。家人还在担心我在国外过年会感到孤单，没想到金老师早就安排好了，她邀请我们去她家一起包饺子过年。到了家里，金老师已经和好面，做好饺子馅，只等着包饺子下锅了。于是大家一起动手，擀皮包饺子。我包得又慢，馅又少，样子也不好看，感觉非常不好意思。本想吃完后主动洗碗，可是却发现金老师家用的是洗碗机。很快，饺子煮好，我们准备上桌吃饭了。史先生打开酒柜，一一问我们喜欢喝什么酒。我其实对洋酒一点也不懂，金老师又赶忙向我介绍一番。然后，我们就品着洋酒，吃着饺子和其他菜肴，又海空天空地聊起来。聊到兴头，金老师还拿出她最喜欢的英文诗集，与我们分

享。而史先生照旧话不多，总是默默地在一旁认真听着，时不时点点头。而我，在这样亲密如一家人的氛围中，也渐渐忘却了最初的尴尬，变得放松自如起来。

除了在生活上对我们悉心关照外，金老师和史先生也很关心我们的学业。一到耶鲁，当天晚餐时，史先生和金老师就询问了我们各自的专业和研究兴趣，并推荐了相应的老师和课程。其实，在赴美之前，金老师第一次和我通电话时，就在为我的学业操心了。申请交换项目前，我通过邮件和世界知名的冷战国际史专家约翰·加迪斯教授取得了联系。我的选题是冷战时期中国、美国和朝鲜的三角互动，希望在耶鲁期间能得到他的指导。收到我的邮件和研究计划后，加迪斯教授表示同意。面试通过后，我即写信告知加迪斯教授，并谈了自己到耶鲁后的学习计划。我希望能够选修他的“大战略研究”（Studies on Grand Strategy）课程，并得到他在档案搜集和研究方面的指导。信中我还提及，由于口语不太好，选修课程并参与讨论对我将是很大的挑战。不过我将努力提升口语水平，以便迎头赶上。得知这一情况后，加迪斯教授当即回复他不能同意我选修课程，并且对担任我的导师也感到犹豫，理由是他不会中文。我顿时不知如何是好。恰好金老师约了和我第一次通话。我不揣冒昧就这一情况向金老师求教。金老师马上向我支着：可以只旁听这门课程，和加迪斯教授联系也可以先通过邮件，待我口语水平提高了再面谈。她会帮我再去向加迪斯教授做解释和说服工作。后来我终于如愿旁听了“大战略研究”课程。在耶鲁期间，史先生和金老师还不时询问我在学业上有何困难，并总是善意地鼓励我。

在耶鲁半年，选课不多，只有两门。一门是“大战略研究”，由加迪斯教授和著名战略研究家保罗·肯尼迪（Paul Kennedy）教授以及外交家兼学者查尔斯·希尔（Charles Hill）先生主持。名师授课是一大特色，而听课的学生也是从耶鲁各院系精挑细选出来的，每年只有约40名幸运的学生能够入选。40名学生还被分成两组，实行小班授课。因为每堂课除了教师的讲授，学生的积极参与也是课程成功必要的保证。基本上，老师集中的讲授只有约半个小时。其余一个半小时则完全是学生之间，乃至学生与老师之间的探讨与交锋。学生不仅是课程内容的接受者，同时也在讨论发言中提供着自己的思想。到了耶鲁的课堂，终于可以理解，为什么国外学者总要在著作前言中对于课堂上的学生表示特别的谢意。（在今年新出的 *On Grand Strategy* 一书前言中，加迪斯教授用很大的篇幅介绍了这门课程的情况，并对历年选过课的学生表达了谢意。）在这种密集而深入的讨论中，学生的确也可以为老师的研究提供灵感。旁听了几次课程后，我终于明白加迪斯教授为什么一听到我口语不好，就拒绝我选修这门课了。因为如果要像在国内课堂上一样，继续做“哑巴学生”，无论对本人还是这门课，都将是个损失。

开始旁听后，我主要是通过认真阅读每节课对应的必读和选读材料，以及倾听课堂上老师和学生的讨论来学习。由于口语不好，加上自卑，我几乎没有在课堂上发过言。但是每节课的必读材料甚至选读材料，我都是认真读过的。这个过程确实很辛苦，有时甚至要在课前熬夜至两三点。但当我偶然发现并非所有耶鲁学生都认真读过必读材料，才来上课并参与讨论后，我自认并非该课最不用功或者表现最差的学生。后来，我跟加迪斯教授还由此发生过一段不大不小的误会。

2010年4月底，我准备申请由美中关系全国委员会举办的美国对外政策讨论会（2010 US Foreign Policy Colloquium)。该会议主要向在美留学的中国学生开放申请，旨在促进美中双方的交流与互信。所以对于申请人并没有严格的条件限制，只需能够证明学生身份，并提供两名推荐人的信息即可，连推荐信也不需要。我想将加迪斯教授列为推荐人之一。出于礼貌，我写信告知加迪斯教授并征求他的同意。但是他回信婉拒了，说他只会推荐课堂上表现积极并且他有机会评估其能力的学生。

这封回信有点出乎我的意料，而且我还有些不服气。于是给他回了一封很长的邮件。我承认自己在课堂上表现不积极，但我并非最差的学生。有几次其实我知道问题的答案，但还是没能鼓起勇气举手回答。特别是有一次，其实老师的问题很简单，答案就在必读材料里。结果居然没有一个耶鲁学生答对。但是那次我也没有举手，既是因为害羞，也是因为我不屑于重复书上的答案。信中我还摘要汇报了自己有关中国人民志愿军1958年撤军决策原因及其影响的论文，并提及几天前在乔治·华盛顿大学参加的冷战史研究生国际会议上发表的情况。

很快，加迪斯教授也给我回了一封很长的邮件。信中首先说，如果他没有注意到我曾在课堂上举手的话，他表示抱歉。但他认为，这门课并非我表现并参与的最佳场合。由于他这学期并未开设冷战史直接相关的课程，所以无法契合我的研究兴趣。他将建议耶鲁—北大博士研究生交换项目委员会，在他开设对入选学生最有帮助的课程的学期，再安排学生来耶鲁访学。另一方面，他指出我和他之间最大的障碍是语言不通，我口语不好，他中文更差，所以很难进行深入的口头交流。但他还是愿意在完成了自己对耶鲁的学生的指导义务后，看看我写的任何文字。最后，他表示还是不能给我写推荐信，并建议我找其他更了解我的老师来写推荐信。

今天，当我自己也当了几年高校老师后，再来回顾这场误会，我发现自己当年多少确实有点强人所难，而加迪斯教授居然不厌其烦地给我回信解释，甚至还给出其他建议，这让我感到既惭愧又感激。加迪斯教授的耐心和严谨真是令人钦佩！

再来说上课的事。名师授课，除“学霸”参与外，“大战略研究”课程另一特色是美国前政要也受邀加入到课堂讨论中。那个学期邀请的美国前政要是小布什政府的副国务卿内格罗蓬特（John Dimitri Negroponte）。前几年的课程中，基辛格博士（Kissinger）也曾受邀参与。前政要的参与，使得课堂的讲授和讨论不再局限于书本。通过他们的回忆和讨论，耶鲁的学生得以近距离感知美国当前政治、经济、社会运作的机制。这为他们日后娴熟地掌握这个国家的命脉和走向提供了非常好的间接经验。难怪近几届美国总统和国务卿竟有五位都出自耶鲁。如果北大仍然以培养领导型人才为目标的话，“大战略研究”的授课模式应该是很值得借鉴的。

另一门课是“国内政治与国际冲突”。授课的是麻省理工学院毕业不久的年轻的政治学博士 Alexandre Debs。他试图用博弈论来分析国内政治与国际冲突的起源与解决。课中用了很多数理统计的知识。用数学的方法分析政治现象，我还是第一次接触。起初还颇有些新鲜感，以为这样的研究方法或许更为科学和精确。可是，大半学期上下来，却发现在方法的背后，其实潜藏着根深蒂固的意识形态的观念。比如，一大堆数理统计分析背后，所要证明的无非是“西方民主优越论”：诸如民主国家战争少，等等。乍一看，根据数据，这些结论似乎是正确的。可是仔细推敲后，却发现并非绝对如此。原因在于所依据的数据本身，在统计时其界定就不可能是绝对清晰的，总带有一定的模糊性和灵活性。这样，数据本身都是可以变动的？又何谈数据所推导出的结论的绝对正确？不过，尽管我对这样的研究方法持保留态度，但是我对 Alexandre Debs 博士还是心存感激。因为他不仅同意推荐我参加美国对外政策讨论会，也曾帮忙批改过我有关中国志愿军撤军问题的英文稿，并对我非常不成熟的稿件给出了很多中肯的意见。

此次访美，我发现美国社会意识形态色彩之浓，较之国内恐怕有过之而无不及，而且做得更为成功，在日常生活的潜移默化中就塑造了美国式的爱国主义。不仅我们这些短暂访美的学生有这样的观感，就连一位在美国已拿到绿卡的华裔教授也有类似的认识。走在耶鲁的校园里，不经意间可能就接受了一次美国爱国主义的心灵洗礼。下面这两张照片是耶鲁校园里比较典型的两处爱国主义纪念物。它们都位于校园里比较显眼的位置。仔细看相关介绍，尤其是图 2 雕像基座上镌刻的耶鲁校友、美国独立战争英雄内森·黑尔（Nathan Hale）的临终遗言，让我深受感动。不过这座雕像，其实是后来人的想象和构建。因为当时并未留下这

图 2　耶鲁校友、美国独立战争英雄内森·黑尔（Nathan Hale）铜像

图 3　为纪念一战时牺牲的耶鲁校友而立的纪念碑

位英雄的画像，也不可能有照片。所以雕像的面容是参照当时在校的男生中最帅的一位来设计的。至于他的临终遗言，是否真实可信，恐怕也值得怀疑。反观北大，校园里的英雄纪念碑、三一八烈士纪念碑以及西南联大纪念碑，其实都在偏僻的角落。如果不仔细找，恐怕是很难发现的。

上课之余，待的时间最长的就是图书馆了。耶鲁的图书馆，无论在硬件上，还是在软件上，都给我留下了极其深刻的印象。初到耶鲁，办好了学生证，我就可以进入收藏有数百万册各语种图书的书库。徜徉其间，才感受到什么叫作“书的海洋”。北大图书馆号称有七百万册图书，雄踞亚洲高校之首。可是，我从本科读到博士，却依然无法亲眼看看如此数量巨大的书库是什么样子。而在耶鲁，作为一个交换生，我竟有幸得入书库，惊叹其宏大。1月9日下午，即到达耶鲁的第二天，我就去泡图书馆了。在耶鲁期间，我累计借过约两百本书。最多的时候，我手头借出尚未归还的图书竟有一百余本。而这还远少于耶鲁图书馆授权给我的借出数量：250本，借期半年。借书时，我无意中竟还创造了耶鲁图书馆历史上的第一，即馆藏金日成著作集英文版的第一位读者。当我去办理借阅手续时，图书馆员也很惊讶，告诉我这套书还没人借过，连条码和标签都还没贴呢。办完手续，图书馆员还和我聊了半天令人震撼的朝鲜团体操表演。后来又有好几本书是在借阅时才贴条码和标签的，但我已经习惯了，没有了当初那种兴奋和激动。

耶鲁图书馆的硬件条件是令人惊叹的，而软件服务方面则是令人感动的。这里的规章制度和各项服务，可以说都是从便利读者和研究的角度出发而设定的。比如，图书馆有很多分馆分布在校园的不同位置。读者可以在网上通过系统预约，要求图书馆员将要借的书直接送至离自己最近的分馆，然后在方便的时候再去办理借阅手续即可。如果耶鲁图书馆没有读者需要的书，则可以通过馆际直接借阅服务，向与耶鲁有合作的常春藤联盟大学图书馆借阅需要的图书资料。一般一周内，甚至两三天即可送达。如果还是找不到自己需要的图书资料，则可以进一步通过馆际互借服务，在全美甚至世界范围内借阅图书。而读者则无须花一分钱。

此外，在图书馆学习，无论是普通的管理员，还是专业的图书顾问，乃至普通的门卫，都让人感受到人文关怀的温情。从他们细致入微的服务中，你能深切感受到读者才是图书馆真正的上帝。有几个细节特别令我感动：有一次，我出馆的时候外面正在下雨，而我却没有带伞。这时，门卫主动递上一把雨伞。我还想写个登记的条子，门卫却摆摆手说不用了，明天还回来就好。还有一次，我借的书很多，又没有带书包。等我出馆时，门卫又主动递上一个袋子。这样的细节还有很多，回想起来，至今仍让我感动不已。

在耶鲁期间，我还有幸聆听了几次重要的学术报告及演讲。至今印象较深的有两次。一次是牛津大学年轻的教授米特（Rana Mitter）来讲中国抗日战争史及其意义。米特教授那时刚过不惑之年，但已出版几本关于现代中国的著作。他不仅学问做得好，在公共领域也很有影响力，曾长期担任 BBC 广播“夜波”（Night Waves）栏目的主持人。那次报告的内容，其实对于专业是中国近现代史的学生来说，并不新鲜。因为很多史实早就在中学或大学学习过。但是当时的西方社会，大概除了南京大屠杀和中国最终在盟国帮助下迎来战争胜利外，对于这场中国人为了生存而进行的持久的斗争，所知甚少。对于中国在第二次世界大战中的贡献，评价一般也不高。而米特教授的报告，主要就是针对这一情况，用史实和西方人能接受的方式，揭示和重新评估中国在二战中的重大贡献。报告完后，有些听众对米特教授的观点予以肯定，也有人仍持怀疑态度。记得有人就提了一个比较刁钻的问题，大意是中国在二战中消灭了多少日军？如果没有美国和苏联的援助，中国能否靠自己力量战胜日本？听完问题，我都为米特教授捏把汗，不知该如何作答。没想到米特教授三言两语就巧妙地应对了，而且令对方折服。他说，在美、苏卷入二战前，中国已独力抵抗日本长达四年之久，国土的一大半被日本占领，但始终没有屈服。想想德国闪电战之下的欧洲大陆，有哪个国家能够做到？即便是英国，如果没有美国援助，能否坚持不向德国屈服？与英国和苏联得到的美国援助相比，中国得到的援助数量和质量都很有限，但依然坚持抗战，牵制并歼灭了大量日军，大大减轻了盟国在东方战场的压力。这本身就是对二战的重要贡献。

听了米特教授的回答，我不禁对他机智的应变能力由衷地赞赏。同时，我想，要讲好中国故事，不能一味地自夸和自说自话，而应怀有同理心，有理有据地去向西方讲述。（米特教授的专著 *China's War with Japan，1937—1945：The Struggle for Survival* 已于 2013 年出版，在西方学界引起较大反响和好评，该书已有中译本。）

除了上课、泡图书馆和听报告外，使我获益良多的还有这里的学子。在耶鲁虽然只有短短的半年时间，但是由于机缘巧合，我先后还旁听或参加了在费城举行的亚洲研究年会（3 月底）、在华盛顿举行的冷战史研究生国际会议（4 月下旬）、美国对外政策讨论会（6 月初）以及暑期档案研修班（6 月上旬）。去耶鲁之前，我对这些会议的信息一概不知。到了耶鲁，新结识的朋友博士后 Toby Lincoln、加迪斯教授的研究生 Chris Miller 和 Zachary Wasserman，以及本科生 Sherry Zhou 都对我获取这些信息或者帮助我修改会议申请材料和论文提供了非常大的帮助。当我遇到困难时，他们总是热情地予以帮助，或给出建议，或不厌其烦地帮我修改那些最初“惨不忍睹”的文稿。而我能回馈他们的，只是口头的感谢，最多就是在中餐馆请他们吃一顿并不丰盛的晚餐。

对于他们的帮助，我始终铭感于心。希望有朝一日，我也能以某种方式无私地帮助美国来华的留学生们。

在耶鲁的时光虽然短暂又宝贵，但是我也不是完全只花在学业上。学习之余，我还是会和朋友们聚会聊天、分享美食、在纽黑文周边游玩。由于金老师给我们安排的公寓地处耶鲁校园比较中心的位置，加之我们的客厅比较大，很适合朋友们聚会，所以我们的公寓渐渐就成了朋友圈的一个社交中心。印象中，我们在公寓至少举行过三四次聚会。参加聚会的朋友，除了在耶鲁就读的中国留学生、访问学者，还有我们各自的“洋”朋友（不光有美国人，还有英国人、日本人和韩国人）。

每次聚会，虽然专业不同、文化背景不同、立场观点也各异，但大家还是聊得很开心。有时难免也有争论，最终虽然未必接受对方的看法，但至少都愿意听听对方的意见是什么。有一次，不知道怎么竟谈到了党建，而且大家发现中国留学生当中的党员还不少。又有一次，有朋友带来吉他，谢琼也拿出自己的小提琴，他们一起演奏。虽然我不懂音乐，但确实觉得很好听。

还有一次，碰巧赶上谢琼和保军的生日，很多朋友都受邀来公寓给他俩庆生。厨艺高超的朋友们八仙过海各显神通，竟也烹制出好几道很不错的菜肴，而且有荤有素，中西搭配，于是大家都一饱口福。至今我的硬盘里还保留着当时录下的视频。

4 月一个天气晴好的周末，我们还拼车在纽黑文附近一处风景优美的地方进行了野餐。当时，我刚刚完成冷战史会议的论文，感觉心力交瘁。这次野餐对我是一个非常好的放松的机会。坐在草地上，仰望着蓝天白云，或者眺望远处碧蓝的海面，和朋友有一句没一句地闲聊，那种感觉真的非常惬意。我想，专心学术之余也应享受生活，感受生活本身的美。否则，学术做得再好，又有什么意义呢？

下面谈谈我在耶鲁之外的一些见闻和收获。

我第一次亲眼看到广袤而美丽的大西洋，是在抵达耶鲁一周以后。大四时，我曾选修过田群健教授（John Q. Tian）在北大用英文讲授的当代中国政治史专题课。入选耶鲁交换项目后，我发邮件告知他，并打算到美国后去拜访他。他回信向我表示祝贺，同时托我带些有关中国农业和农村经济的书给他。

到了耶鲁的第二个周末，田老师就开车来接我们去他位于新伦敦市的家里玩。路上，我们顺着95号公路前行，时而就能从车上看到不远处的海面。不知是谁提议，我们去海滩看看。于是田老师就将车开下公路，停在一处海滩的附近。下车后走了几步，望着湛蓝而起伏的海水，我不禁加快脚步，想要近距离感受大西洋的海风，倾听海浪的波涛声，并亲手触摸细软的海沙和汹涌的海水。离海越来越近了，风也越来越大，我的头发都被吹得竖起来了。走在松软的海滩上，一步一个脚印，我忍不住蹲下来去抓沙子，去摸海水。凉凉的，甚至还有些刺骨，我才意识到现在是冬天。如果是夏天的话，真想跳下海游个泳。

我们在海边待了半个多小时，拍了不少照片。其间，有个可

图 4 作者于纽黑文海边

爱的小姑娘牵着一匹骏马也来到海滩。逆光下，小姑娘和骏马在大西洋的映衬下，显得愈发美丽动人。那美好的画面，至今依然留在我的脑海里。

之后，田老师又驱车带我们去镇上逛了一圈。这里不大，大概只相当于中国一般的县城大小。镇上干净整洁，人们生活悠闲。闲逛中，我们发现原来这里是美国著名剧作家尤金·奥尼尔（Eugene O'Neill）童年生活过的地方。不经意间竟与一位文学大师在此"邂逅"。

随后，我们又去参观田老师现在任教的康涅狄格学院（Con-

图5 纽海文海边

necticut College)。学院不大，但各种设施都很先进。田老师说，国人一般只知道哈佛、耶鲁等常春藤名校，殊不知美国还有一个小常春藤名校联盟，包括卫斯理安学院（Wesleyan College）、三一学院（Trinity College）、瓦萨尔学院（Vassar College）等，康涅狄格学院也是其中之一。这些学院规模一般不大，但师生比很高，以本科教育质量高著称。很多学生毕业后，会进入哈佛、耶鲁、普林斯顿等名校继续深造。到了田老师的办公室，他挑了好几本有关美国对外政策和美国政治的书送给我。这些书便成为我收藏的最早的英文著作。

3月底，我和耶鲁的几位朋友又结伴去费城旁听亚洲研究年会（Association of Asian Studies Annual Meeting）。这个会议规模宏大，几乎汇集了美国所有做亚洲研究的学者，每年都有几百个分组讨论会。光其中和朝鲜研究有关的就有不少，听这些分布在不同会场的讨论会，真是有种应接不暇的感觉。在这次会上，我才知道，不光朝鲜人始终要求美国军队从朝鲜半岛撤军，韩国甚至美国也有不少人从朝鲜战争期间起就一直这样主张并在不断努力。会议期间的书展上，也有揭露美军在韩国暴行的著作在发售。而且，我惊讶地发现，书展上还有专门发行朝鲜宣传品的展位，其中有朝鲜祖国解放战争纪念馆的宣传图册。总之，这次年会，可真是让我大开眼界。

年会间歇，我和朋友们还趁机逛了下费城的唐人街。这里的唐人街可真不小，纵横有好几条街道。如果不是因为有很多白人面孔和英文招牌，大概走在街上你会以为自己是在香港或上海。唐人街的中餐不少，印象最深的是居然还有一家西安馆子，有正宗的凉皮、肉夹馍和臊子面。两个多月没吃家乡饭了，在这里我终于一饱口福。后来我们还去参观了独立宫（Independence Hall）。这里是美国人引以为傲的独立战争指挥中心，还有那口著名的自由钟（Liberty Bell）。自由钟本身并不起眼，可能还不如中国一般寺庙里的钟工艺精湛，而且还有明显的裂缝。但因为它所蕴含的历史意义和价值，几乎成为到访费城的人们必去瞻仰的地方。

2010年的冷战史研究生国际会议由乔治·华盛顿大学（George Washington University）主办，汇集了来自美国和欧洲的二十余位研究冷战史的研究生。这是我第一次有幸参加全英文交流的国际学术会议。第一次撰写并在会议上发表英文论文，对我来说压力非常大。为了有更充裕的时间写论文，我放弃了春假休息，并征得加迪斯教授同意，缺席了几次“大战略研究”课程。尽管如此，我最终还是拖延了几天，才把论文提交。这里，我要特别感谢会务 Elidor Mëhilli，他总是耐心地回复我的邮件，并告知有关会议的各项安排。记得那年碰巧冰岛火山爆发，欧洲的航班大批延误。从欧洲来参会的学生差点就无法按时参会，主办方还曾考虑利用 Skype 进行视频会议。所幸最后一刻，通过改签转机等方式，欧洲的学生还是在会议结束前陆续抵达了。真是好事

图 6　2010 年 4 月，作者参加冷战史研究生国际会议期间在白宫前留影

多磨，有惊无险。而我，从纽黑文去华盛顿的路程则要顺利得多。沿途风景不错，可我却无心欣赏，一路上都在担心自己该如何在会上发表，会不会被评论人批得很惨。

签到入住后，我发现自己的室友是一位犹太人，名叫 Asher Orkaby。他是哈佛大学的研究生，研究冷战时期的也门内战。（Asher Orkaby 的专著 *Beyond the Arab Cold War: The International History of the Yemen Civil War, 1962—1968* 已于 2017 年由牛津大学出版社出版。）虽然和我年龄相仿，但是他当时已是两个孩子的父亲。他为人谦和，非常乐于助人。见面后，我说很担心会议上的发言将很糟糕，显得有些焦虑。他主动提出请我先试着讲一遍，他帮我提意见。我讲完后，他不仅纠正了我几个发音，还提出了听众可能问到的问题，让我预先做准备。可是，不出所料，我在会议上的表现依然很糟。发表完，面对冷战史新锐学者拉琴科（Sergey Radchenko）的提问，我竟不知如何作答，一度有些冷场。这时，Asher Orkaby 举手提了个问题，帮我解了围。评论人 Gregg Brazinsky 教授很认真，他不是泛泛而评，随便说说，而是认真地写了差不多 4 页的评阅意见。会后，应我的要求，他还把书面评论发给我以便修改论文。在对论文的选题和史料方面的新意给予肯定的同时，他指出论文最大的问题是：太依赖中方材料，因而有比较明显的中国中心的色彩和偏见。建议我尽量多参阅利用美国和朝鲜方面的史料，做出比较平衡的历史论述。后来，我在修改发表有关中国志愿军撤军问题的论文时，基本吸收了他的意见。（拙文《同声异气：中国 1958 年从朝鲜全部撤军方案的形成》和《中国人民志愿军撤军回国的若干史实考辨》已于2014年和2015年正式发表。）这次会上，我还结识了国际知名冷战史学者陈兼教授的学生周陶沫。会上，我们才发现彼此竟是本科同级的北大校友。她在会议期间也对我有很多鼓励。此后，我们一直保持联系至今。

会议结束回到耶鲁后，我写信给会务 Elidor Mëhilli 表达谢意，信中提及自己在会上表现很差，感觉很惭愧。Elidor Mëhilli 马上回信说，他不同意我的看法，并指出很多人认为我的报告很有意思。第一次参加国际会议的经历不成功，我至今依然耿耿于怀，但在这次会上，却让我结识了许多非常好的学者和朋友。有些只有一面之缘，有些则成为长久联系的朋友，但他们都曾给予我热情无私的帮助和鼓励，令我感念至今。

后来，我又于6月初再次前往华盛顿，先是参加了由美中关系全国委员会组织的美国对外政策讨论会。美国对外政策讨论会的规模很大，有差不多近百名来自全美各地的中国留学生参加。会议内容一方面是听专家讲授美国对外政策的各种制度、运作过程以及影响对外政策制定的各种因素等内容的报告，另一方面是参观和对外政策研究与决策相关的政府机构或智库，如国会、国务院、商务部、战略和国际研究中心、卡内基国际和平基金会等。那年邀请的专家之一是著名中国问题专家李侃如（Kenneth Lieberthal）。众所周知，他对美国对华政策的制定有着举足轻重的影响力。这次讨论会上，我才得知原来美国之音（Voice of America）节目是禁止向美国公众播放的，因为该节目明显是政治宣传性质的，而非自由的媒体节目。参观战略和国际研究中心时，我又得知这一对美国对外政策有巨大影响的研究机构，居然不接受而且极力避免美国政府的资助，以免变成为政府决策背书的附庸而失去其独立性。

美国对外政策讨论会结束后，我又参加了由乔治·华盛顿大学举办的暑期档案研修班。研修班除了介绍美国各主要档案资料收藏机构的情况外，还就如何快速熟悉档案馆、收集和整理档案以及解读档案进行了方法上的指导。研修班期间，我记了厚厚一本笔记。这些笔记对我后来在国会图书馆和国家档案馆查档提供了有益的参考，帮我省了不少时间。

在美国查档的确非常便捷。你不需要提前准备某个级别的介绍信甚至托各种关系，也不需要花心思去讨好档案馆工作人员，更不需要担心兜里的钱不够支付昂贵的复印费。真正让你犯愁的是如此海量的档案资料，你到底应该选择哪些最有价值的来拍照或者复印。好在档案馆员都很热情友好，会积极帮你根据研究主题缩小检索范围。当然，美国档案馆并非不存在保密的问题。尚未达到解密年限的档案，一般还是无法查阅的。不过，你可以根据信息自由法案（Freedom of Information Act）来申请提前解密。如果申请获得通过，那么该档案就解密了，不仅你自己，其他研究者也可以自由使用了。在国家档案馆查档的一个月里，我主要查阅的是美国中央情报局有关中国和朝鲜的情报评估报告。档案馆里有几台电脑装有 CREST 系统，通过该系统可以检索并打印需要的情报评估，打印免费且数量不受限制。我先后打印了差不多一万页，几乎穷尽了 20 世纪 50 年代和中国、朝鲜有关的情报评估报告。后来我的博士学位论文中用了不少这些材料。当时还需要去档案馆检索打印，后来就更加方便了，因为所有情报评估报告的电子版都可以在网上检索和下载了。

在美国国家档案馆待了差不多一个月，我的查档工作即将完成，回国的日期也一天天临近。回顾半年来的经历，我想起出国前几天导师牛大勇教授的嘱咐和要求：在国外尽量不要做在国内也能做的事，主要应该在三个方面投入精力：一是搜集一批资料，为日后长期的研究打基础；二是结识一群富有潜力的年轻学者，建立自己的学术圈；三是努力提高英语水平，尤其是口语和写作。回国前，我自信在这三方面基本达到了牛老师的要求，感觉收获满满。我暗自庆幸出国前牛老师提前给我的忠告和平时给予的奖学金支持。否则，我也许不会有此行这么大的收获。

在耶鲁访学期间，我的另一位导师杨奎松教授也对我的学业予以悉心教导。虽然只能通过邮件联系，但是杨老师的指导和帮助仍让我获益匪浅。从选题的拟定，到主要结论的论证逻辑，再到具体史实和史料的发掘与解读，杨老师每次的邮件几乎都让我有茅塞顿开之感。尽管自己最初的很多想法和看法都被否定，难免会有挫败感，但是这半年里自己的成长却是实实在在的。现在我自己也开始指导学生了，就更能体会当年老师对自己的一番良苦用心和殷切期望了。

转眼间，从耶鲁访学归来已有八年之久。八年间，我完成博士学业，毕业后回陕西老家工作，从学生变成了老师。同时，我从孤身一人，到找到伴侣并组建家庭，有了两个孩子。中国和美国各自也都有很大的变化。中国国力日益强盛，似乎比近代以来任何时期在世界舞台上的地位都更重要。

耶鲁—北大博士研究生交换项目的终止，实在是有些不得已的原因。回首耶鲁再前行，现在是到了我们这些受益者回馈的时候了。希望我们能将史景迁先生、金安平老师以及牛大勇教授共同开创的这一交换项目及其所蕴含的友好、共赢的精神，以各种形式继续传承和发扬下去。

遥忆耶鲁

| 徐保军 | 哲学（科技史）博士，2010年北大—耶鲁博士研究生交流项目参与者，现任职于北京林业大学马克思主义学院

2018年年初，听闻耶鲁—北大博士研究生交流项目终止的消息，心里颇感慨叹，不由想起在耶鲁交流时的点滴。本科至今，从浙大、北大到耶鲁，再到任教的林大及目前正在访学的杜伦大学（Durham University），不同的时空，不同的心境，有时内心也难免将其做个比较，于是更加想念耶鲁。那里的人与物都曾给我内心带来不少震撼，激起内心深处对于理性与美好的向往，也更加感激史景迁、金安平夫妇给予我的关怀与帮助。

作为一个非历史学系的学生，能够入选北大—耶鲁交流项目，得以在2010年1月至6月赴耶鲁交流学习，可谓非常幸运。当时，由于研究方向较新，国内文献奇缺，耶鲁之行解决了我的难题，也开阔了我的学术视野，对我之后的研究意义重大。在过去数年，我一直致力于中国博物学的发展推动，尤其在过去两年

又先后成立了《中国博物学评论》杂志、中国自然辩证法研究会博物学文化专业委员会，我也担任了杂志的编委以及专业委员会的主任。在此，对史景迁先生、金安平女士、牛大勇教授，以及背后的相关人员致以最诚挚的谢意和祝福！感谢北大—耶鲁这一交流项目！

结　缘

我与北大一耶鲁项目的结缘始于 2009 年 10 月，中间充满了戏剧性与惊喜。

当时，北大的室友陈天嘉见我状态不佳，便撺掇我同他一起申请这个项目，大概用了一周的时间，我们俩相互配合完成了申请材料、联系导师等准备工作。其间得知，这个项目专为与历史学相关领域的北大博士生设置，我们属于哲学系，感觉成功的希望似乎渺茫，但又有一点侥幸心理，毕竟我们的科学思想史方向同历史学科有很大交集，联系到的耶鲁方面的导师也在历史系内。项目的面试安排在北大的临湖轩，面试很严肃，自我感觉较差。但生活总是要留点念想，我依然每天查收递交申请的邮箱，期待幸运的降临。最终，北大面试结果的通知印证了我的感觉，耶鲁似乎与我无缘，虽有失落，却不意外，于是便断了念想，继续忙别的事了，也很少再查收递交申请的邮箱了。

戏剧性的是，某天深夜 12 点左右，我已睡下，电话铃声响起，当时还不知是耶鲁金老师的来电，迷迷糊糊看到一长串的数字之后，我还以为是骚扰电话，但还是接了。最初，金老师讲的英语，我只觉电话另一头一堆乱码飘来，困意满满的我完全没反应，金老师讲了半天，我还在睡意蒙眬地“喂，谁呀”。无奈之下，金老师用中文直奔主题，向我表明：我被耶鲁—北大交流项目录取了，但目前尚未收到回复邮件，电话的目的在于确认我去不去。听到耶鲁二字，我立马惊醒，激动地回复：“去，马上回复邮件!”刚刚确认完，电话“嘟嘟”两声便断了，至今我都没搞明白，我的手机为什么会在这个关键节点上停机！我迅速上网为手机充了值，期待金老师的再次来电，但事实证明，我与金老师的第一次尴尬通话至此已经结束。马上，登录邮箱，发现耶鲁方面的录取邮件发送于数日前。当时虽有抽死自己的冲动，但也略感诧异，这似乎与北大第一次公布的录取结果不同。直到数年后，在与历史学系牛老师偶然交流中得知：虽然一般情况下耶鲁会尊重北大的面试结果，但依然会认真查看其他申请者递交的材料，客观评估申请者与项目的关联度、潜在的学术收益和耶鲁方面相应的师资等资源情况，录取的决定权最终是在耶鲁大学手中。阴差阳错之下，我大概成了项目开始以来少数的改变北大项目委员会的推荐顺序而被耶鲁大学录取的人。也是数年后得知，此事当时还引起了一些同学的不解与不满，大概是觉得有些蹊跷吧。

但对我个人，这个结果至关重要，我博士研究所需的大量文献多来自耶鲁半年的交流，在去耶鲁之前，我在国内能够搜索到的有用文献仅寥寥数千字；而我在耶鲁的最后一个月，每天必干的一件事情是，手持扫描仪，一本一本地扫描图书馆借来的文献。

初识与印象

感谢金老师的帮助，我与谢琼、田武雄一行三人最终于2010年1月7日夜间顺利抵达史先生和金老师家。当时天空飘着小雪，刚一下车，便看到史先生、金老师夫妇在门口迎接！

一进屋，金老师便端上炖了许久的莲子羹，边吃边聊。金老师热情地给我们讲些耶鲁的趣事以及未来的注意事项，史先生则一旁含笑不语，偶尔点头插话。

图1　作者与史先生夫妇及谢琼合影

第二天，从导师联系、课程推荐、学校注册、住宿安排再到食材购买，从早到晚，二位老师陪我们整整转了一天，直到晚上才走。初到异国的忐忑与不安完全被史先生、金老师的热情抚平。事实证明，耶鲁—北大项目也是我目前碰到的最好的项目，参与者完全不用操心住宿、学校注册等各项烦琐事宜，史先生、金老师均已提前安排妥当，参与者到了耶鲁即可全身心地投入到学习研究之中。

现在想来，耶鲁给我印象最深的该是那里的人与氛围。不同于中国的大学，耶鲁更像一个美国小镇，只不过这个小镇不但有酒吧、咖啡厅，还多了许多的图书馆、艺术馆与博物馆。随处可见的草坪以及那教堂定点的钟声更增添了耶鲁的静谧与安详。

作为美国最顶尖的大学，耶鲁的学生十分优秀。在我接触一些同学后，发现他们聪明、用功、内心安静又很快乐。同时，耶鲁的课程任务很重，以文科为例，几乎每门课每周的阅读量都在一本书以上。大家都在努力，都在拼命，但同时又很享受生活。耶鲁的草坪很多，明媚的日子经常可以看见成群的学生在草坪上嬉戏，扔飞盘、晒太阳、看书，也有玩美式和英式足球的，不分男女。比较幸运的一次，我们偶遇一位黑人美女即兴玩起了歌舞剧，曼妙的身段，优雅的动作，美妙的嗓音，让人心醉。

耶鲁的老师，严肃而慈祥。规则是不容修改的，比如作业、比如成绩，而这些直接影响到学生们的学业。据说在有些专业，成绩达不到 A 的学生可能会被取消留下的资格。同中国学生一样，耶鲁的学生也担心自己的成绩。在耶鲁，无论名气大小，教授们都会正常地开课，有固定的办公时间，在这个时间可随时同他们交谈、争论，或者也可以约在咖啡厅里。在耶鲁，咖啡厅着实是一个好地方，师生皆宜，一两美元的价位，便宜而又温馨。很多咖啡厅实际是个小小的书店，在里面，喝茶、看书、聊天，甚至写点东西，很有感觉。据传，史景迁老先生的很多著作都是在耶鲁的咖啡厅里一个字一个字写出来的。也怪不得，曾有人说，多少伟大的思想都是诞生在咖啡馆里的。运气好的话，教授们还会请你到家里去。我曾受邀去过当时的指导老师 Ivano Dal Prete 家里。

由于研究方向的原因，虽未上史先生和金老师的课，但也去过史先生家几次，现在想想该是在耶鲁最美好的回忆了。两位老师对学生都很慈爱。史先生每次都乐呵呵的，话不很多，但给人很亲近的感觉，还亲自开车接送我们两次；金老师则做得一手好菜，漂亮而又精致，而且金老师极其善谈，每次一同聊天都其乐融融。史先生是著名的汉学家，金老师则是华裔，在耶鲁也教授中国哲学和历史相关的内容，可能出于这个原因，他们家里中国古典气息很浓，桌椅、摆饰、茶垫，无不带点中国的韵味。很是怀念在史先生家的几次，安静地坐在饭桌旁，听金老师谈合肥四姐妹的故事，谈张充和的生活与传奇，也会提及小孩子的教育，偶尔也会听史先生谈到钱钟书在耶鲁的日子。

耶鲁的行政人员也极为专业且态度很好。确切说，我接触更多的是耶鲁图书馆的工作人员。在耶鲁，图书馆是我待得最多的地方，除了上课、睡觉，我的活动范围基本都在图书馆。耶鲁图书馆的工作人员不但专业，且态度极好。记得我第一次在图书馆查阅文献，寻了许久，没找到要找的书籍便询问工作人员，工作人员不但迅速帮我找到，还主动向我推荐了几本相关书籍，并写在一张纸条上，说可能对我有用。我寻来一看，果真帮助很大，这是我第一次领略耶鲁图书馆的专业与热情。整体而言，图书馆的人无论地位高低，人人态度之好，真是令人赞叹。

收获小结

对我而言，文献收集是我在耶鲁最重要的收获。当然，伴随其中的还有学术视野的开阔与见识的增长，以及文化碰撞的震撼。

初到耶鲁，野心勃勃地想选四门课。在同金老师聊天后，金老师建议两三门就已足够。事实证明，两周刚过，无论是精力还是能力，我便吃不消了。最终，听从金老师的建议，放弃其他，专心上 Ivano 的两门博物学主题的课程，收获颇多。Ivano 是意大利人，讲英语时带点意大利口音，我本身英语欠佳，开始上课的时候颇为不适，但后来听多了也便习惯了。Ivano 当时的未婚妻也在耶鲁历史系任教，也做科学史，还给我们上过课，这样的夫妻档在高校也属少见了。当然，如今他们早已成婚，孩子也几岁了。

时间飞逝，耶鲁交流至今已有八年，我在高校任教也有六年有余，经历越多，越觉耶鲁经历的宝贵。对项目的结束，深感惋惜，对史先生、金老师深表感激，衷心感谢项目背后耶鲁北大相关人员的工作，感谢北大牛大勇教授等人的努力。

耶鲁回望，学海续航

| 谢　琮 |　中文系博士，2010年北大—耶鲁博士研究生交流项目参与者，现任职于美国达特茅斯学院亚洲社会文化语言系

2010年，我因为对创伤研究（trauma studies）感兴趣，在国内又找不到此领域的研究者，于是萌生了去耶鲁大学访学的想法。耶鲁大学是90年代以来创伤研究的重镇，我读到的许多该领域的著作都出自耶鲁学者之手，如Geoffrey Hartman，Shoshana Felman，Dori Laub，等等。他们携手录制的大量二战时期犹太人幸存者的证言都保存在了耶鲁大学。北大—耶鲁博士研究生交流项目以历史学科为主，而我并非历史出身，但或许是因为创伤研究本身的跨学科性质，抑或只是因为阴差阳错，我通过了面试选拔，幸运地来到了耶鲁。

到纽黑文的第一天晚上，住在史老师和金老师家，听他们讲后院的鹿和风吹倒的树，第一次见识到美国的大房子。此后一周金老师都忙前忙后照料我们安顿下来，我们很快适应了新生活。

我心心念念想去听那些创伤研究学者的课，但真正看到课表时却有些傻眼。Shoshana Felman 那时已经离开耶鲁去别的学校任教了。Geoffrey Hartman 还在，但是已经退休不教课了。Dori Laub 其实是医药学院的教授，开的是医学方面的专业课，并不太适合我。希望一一落空，觉得自己好像一个乘坐时光穿梭机的乘客，在一个错误的车站下了车。

好在我发现了文化社会学中心，他们的主要研究和教学方向就包括创伤和记忆，不过是采用 sociology 的方法。管他呢，我去选了 Ronald Eyerman 教授的 Social Theory: Trauma and Memory 课。这门课每次讲一种有关创伤研究的理论，直接导致我在短短一个学期生吞活咽了几乎整个创伤研究的理论体系。书太难根本读不完，读不完上课还要急着问问题，上课没问完的下课追着教授接着问，简直是一种打了鸡血的状态。Eyerman 教授对我这个不拿学分又不学社会学的学生充满了耐心，总是能把很难的问题解释得很平白，又下载了同我研究相关的文章给我看。

课余我去访问收集大屠杀证言的资料库，但是只去了一次。空荡荡的房间里，我根据主题借出来几份资料，是那种最老旧的录像带，放进吱呀作响的放映机，然后大约属于 386 时代的屏幕闪出一个抖动的黑屏，黑屏之后是幸存者开始陈述，采访房间的布置是和 386 时代同步的装饰风格。录像带都看完了，但是奇怪的是现在我竟然完全不记得他们说了什么，只记得当时那种既陌生又难以坚持的感觉。为什么已经看过那么多和大屠杀证言相关的书籍、材料，真正看到当事人讲述时却仍然觉得无法进入，甚至无法倾听？当他们讲到琐碎得几乎无关的事情时你会觉得不够重要，而当他们讲到最关键的事情时又觉得想要回避。我当然知道为什么，创伤研究的学者早就都解释过，但当自己真正体验到这种几乎令人愧疚的间离感时，还是感到难以忍受。

过中国春节时去史老师和金老师家吃饭，他们做了一桌好吃的招待。我记得金老师很高兴地烧了一条红鲷鱼，说最近家附近开了一间 Whole foods 超市，卖的食物极其鲜美。八年过去，如今 Whole foods 在美国已经遍地都是，都被亚马逊收购了。席间金老师拿出自己最喜欢的美国诗人史蒂文森的诗集和我们分享，结果我一激动，失手把一只水杯直接打翻在诗集上，直接导致美食加诗歌的学术晚餐画风突变，我慌忙道歉，金老师奋力擦拭，现在想起来都觉得不好意思。

Trauma and Theory 的课上得差不多，我决定去找 Geoffrey Hartman 教授做一个访谈，向中国学界介绍创伤研究的情况。他立刻答应了，我们在他退休后的办公室谈了一个下午。那时我英语还没现在好，访谈结束后只当是 GRE 听力练习，把访谈内容从录音带里一个字一个字抠下来。谈完之后我把访谈记录发给他，他一一修改校正，之后我翻译成中文，以《从解构主义到创伤研究》为题在国内发表，后来又经他推荐以英文发表。今天，为了写这篇随笔，我把这篇访谈又看了一遍，仍然感到深深的震撼。他的答案里，那时以为懂了的，今天又有了新的理解；而今天的理解，也许十年之后再看又会感到不足。我想这就是真正沉淀过后的思想的力量。访谈内容我几乎是原样发表，只略去了一个问题：那时，我在 Hartman 教授的自传中读到，著名的德国接受美学批评家 Hans Robert Jauss 在自己青年时代的纳粹经历被揭露之后，曾拜访Hartman教授。而Hartman教授本人是在德国出生的犹太人，二战时还是个孩子，被家人送到国外避难。我问Hartman教授："您听到Jauss向您解释他纳粹的过去时，是什么心情？"他沉默了一会，说："I cannot accept。"他的答案这样短，以至于我都无法继续再问什么，但我永远也忘不了这个答案。

很遗憾，由于当时沉浸在自己喜欢的研究中，在耶鲁期间没有和史老师与金老师有更多学术上的交流。现在想来，人文学科都是相通的，我所有自己的研究，如果能多和他们说一说，一定能得到更多有益的指点。初夏，金老师为我们送行，又害她好忙

图1　作者与耶鲁项目成员徐保军（左一）和田武雄（右一）合影

了一阵。

在耶鲁一个学期的学习，让我产生了想要在美国继续读书的想法。当年秋天，我又申请了美国的博士生项目，于是在哈佛大学的比较文学系和耶鲁大学的文化社会学中心之间犹豫。犹豫的实质，是在研究方向和研究学科中间作抉择。我偏爱文学学科，几乎没有社会学基础，但耶鲁的文化社会学中心和我的研究方向更契合。在选择的期间，我便再次找机会和文化社会学中心的 Ronald Eyerman 教授及 Jeffrey Alexander 教授长谈，他们的学识令我景仰。最终，我还是选择了哈佛大学的比较文学系。

2011 年 8 月，Geoffrey 教授来信，说希望把我们访谈的一部分翻译成德文，收录在他的个人文集中，我当然很乐意。2014 年深秋，我突然又收到他的邮件，是在回复我 2010 年就访谈内容问他问题的邮件。那封邮件他 2010 年时就回复过，我们的访谈也早已发表。他突然来信又问，让我感到非常不安，于是问他是否还好，告诉他我过一阵就去看他。他给我留下了他的电话和住址。2014 年年底，我给他打了个电话，但是没有人接。2015 年 2 月，我写信告诉他我打算这个月就去纽黑文看他，告诉他我大概的时间安排，但是没有接到回信。我打电话过去，仍然没有人接。2015 年 8 月，我又收到他的邮件，告诉我希望把访谈的一部分在另一本文集中发表，需要我写三到五行的个人简介。我回了信，以为他一切都还好。2016 年春天，我却听到了他去世的消息。跟着是无法言说的后悔和心痛！那时怎么就没有早一点去看他，怎么就没有再多问几句！在他去世的消息下面，还提到耶鲁打算召开纪念他的学术研讨会。我后来隔三岔五搜索这个研讨会有没有召开，可是什么消息也没得到；问耶鲁的同学也没有头绪。我不知怎样才能再同他的世界有交集，我当然可以写信或打电话给仍在帮他照料事情的家人或同事，借口询问收有我们访谈的文集出版得怎样了云云，可是每每提笔，又觉得和他的生命相比，我这点小事都不愿再提！

2017 年 5 月，我从哈佛大学比较文学系博士毕业，在达特茅斯学院任教至今。在这个意义上，北大—耶鲁这一交流项目真正地改变了我的人生轨迹。

鸿游忆往：史景迁夫妇印象

| 王晴锋 | 社会学博士，2011 年北大—耶鲁博士研究生交流项目参与者，现任职于中国农业大学人文与发展学院

2005 年开始，北大历史学系与耶鲁东亚研究所之间建立了一项合作计划，每年选派 2—3 位人文社会科学领域与史学有关的博士生前往耶鲁大学，进修一个学期。我和北大历史学系的一位博士生成为 2011 年的人选。在去耶鲁之前，有一位女士曾给我打过两次电话，询问办理出国手续的进展，说的是非常标准的普通话。在电话里，她自称是“金老师”，当时我以为她是耶鲁东亚研究所从事行政工作的老师，并暗自佩服她的语言能力。后来我才知道，耶鲁大学主持这个访学项目的是美国历史学界鼎鼎大名的史景迁，而在背后默默帮助实现这个交流项目的正是他的夫人“金老师”——金安平女士。

年初，我们正式从北京启程前往纽约，再转至耶鲁大学所在的纽黑文。2011 年 1 月 12 日下午两点多，我们抵达纽约肯尼迪

机场，耶鲁东亚研究所派了辆车子来接我们。我们行李不多，每人一个箱子和双肩背包，再也没有其他东西，车上显得有些空荡荡。从机场穿过纽约市区到史景迁家大约1.5个小时的车程。纽约市内的交通很拥挤，不到下班时间就得缓缓地排进长长的车流。但是一驶出纽约城就顺畅多了。金安平原本是打算直接把我俩送往住处的，但由于当天美国东部沿海地区下大雪，她担心我们在路上会堵车，所以就临时改变行程，安排我们先去她家住一个晚上，第二天一早送我们去住处，然后再到学校办理各种手续。

于是，司机把我们接送到史景迁家，那是一栋坐落在西黑文小树林里的别墅。我们到的时候天还没有完全黑。一下车，就看到门口略显惊讶的史景迁先生。金安平在耶鲁教学生读《论语》，当时她还在学校上课未回家。史先生说没料到我们会这么快就到了，比他们预计的时间要早很多。他问我们想不想直接去住处。我们一时不知怎么回答，我说要不等金老师回来再决定，我们想见见她。于是，我们就这样“登堂入室”了。屋子里显得又寒冷又清静，还黑着灯。只是厨房的小餐桌上，很优雅地放着一支郁金香，增添了一种格外的暖色。令人感到暖心的是，有条小狗跑过来在我脚边蹭蹭，然后舔舔我伸出的手。六点左右，金安平回来了，家里顿时有了活跃的气氛，一扫刚才的冷清和尴尬。她当即说我们不用回去，然后就动手做晚饭。晚餐有一样冷盘是牛油果放上点椒盐和橄榄油，口感挺好的。还有一个菜是饼干夹着猪肉，也是道冷盘。然后就是主食了，酸菜肉丝面，加上几只大大的海虾。在餐桌上，金安平很细致地告诉我们接下去的安排，也表示会联系与我们的博士学位论文相关的老师。

席间，史先生的眉宇渐渐舒展开来，展现出他睿智博学、谈笑风生的一面，也让我们看到了他特有的精神状态。当然，这与金安平的配合有莫大的关系。因为语言的关系，我们跟金安平交流时都是说中文，她也很少开口跟我们讲英文。但是，在史景迁在场的时候，金安平总是会主动地跟我们说“史先生”怎样怎样，言语之间充满着爱意和敬意，丝毫不会冷落他。而且，金安平还会很体贴地提醒史先生应该给我们讲点什么，然后又配合着他频频微笑着。在夫人的鼓励下，史景迁兴致勃勃地给我们讲述了他在1959年从英格兰初到美国时的感受，以期与我们初到美国形成对比。在暗淡的灯光下，史景迁还拿出他收藏的红酒和他最喜欢的马提尼（一种鸡尾酒），说是为了庆祝远道而来的朋友。

金安平有一对儿女，其中女儿是一位美食家，长年定居在离纽黑文不远的纽约城。家里仍然给他俩在二楼留着房间。当天晚上，我和朋友分别被安排住在金安平儿女的房间，我睡的床上还放着一只大抱熊。晚上很安静，除了偶尔驶过的汽车声。史先生家的小狗也很安静，在黑夜中甚至还爬起来到我身边摇着尾巴蹭几下。后来听史景迁说，这条小狗在英国出生，是一个法国的朋友送给他的。本来并不想要，因为他们都很忙，担心没人照顾，但后来还是收下了，如今已经一起生活了整整十五年，“小狗”也已经成了年事已高的“老妪”。如今它几乎已经看不见，全凭着听觉走路。

第二天雪停了，天气晴好。康涅狄格州并不大，史景迁家在西黑文，离耶鲁不算远。吃完早餐后，史先生亲自驾着车带我们去学校，并沿路给我们介绍各种地点。在转了一圈耶鲁校园之后，他站在研究生院（HGS）的大楼面前跟我们说："这就是学校的中心——左边是耶鲁法学院，右边是斯特林纪念图书馆。"最后，史先生把我们送到位于希望街（Prospect Street）的住处"常春藤庄园"（Ivy Manor）。房间里可谓一应俱全，在我们到来之前，金安平已经买了蔬菜、水果、牛奶、面包和肉类等食品放在冰箱里，甚至还有香皂、洗发水、卫生纸甚至垃圾袋等生活必需品。用她的话说："只有生活不用操心了，才能安心学习好。"后来过农历新年的时候，我们邀请了几位中国留学生过来一起包饺子吃，他们都很羡慕，说只有耶鲁的研究员身份（research fel-

图1 傍晚的耶鲁雪景

low）才有资格住这样的房子。当天晚上，史景迁与金安平又和我们去纽黑文当地一家有名的“现代比萨店”（Modern Pizza）吃晚餐，据说那是纽黑文最好的比萨店，每次去的时候里面都是爆满，我们站在门口也等了好久才轮上。

开学初，金安平曾打电话过来询问我上课的情况，我跟她说了自己的感受。当时选了社会学家杰弗里·亚历山大（Jeffrey Alexander）两门关于文化社会学的研究生课以及与“酷儿”研究相关的课程，整天苦恼于自己笨拙的语言和艰涩的理论。当时感到非常沮丧，甚至觉得自己每天在浪费时间。金安平一边鼓励，一边建议我重新选择感兴趣的课程。冬末，纽黑文又下了一场鹅毛大雪，但是并不觉得很冷。随着春天的到来，小镇也变得愈加美丽。我时常望着窗外一家印度人打板球，或者一个小女孩在树下荡秋千。确实，如果没有史景迁夫妇的贴心安排，我在耶鲁的日子会更加寂寥。

期中的时候，史景迁夫妇请我们出去在电影院看了一场电影。那是一部法国电影，名字叫作《上帝与人》（The God & Men）。放映厅里寥寥数人，我已经记不清影片讲述的内容，大致是跟人的内心信仰有关。走出放映厅的时候，史景迁说了一句：“感人至深！”（Very powerful!）随后我们一起去了一家酒吧吃晚餐，两位老人跟我们一起喝啤酒。旁边当地的年轻学生看了很是诧异，在背后跟朋友议论说：“（原来）她是位老人！”（She is an old woman!）在那个嘈杂、喧闹和年轻人的世界里，金安平夫妇觉得我们也应该会喜欢那样的场合，他们想让我们多了解一些美国的文化。直到晚上10点半左右，他们夫妇又送我们回家。

在回国之前，我们又去了一次史景迁家。那是2011年6月23日，下午六点半左右，史景迁开车来接我们，我们带了比萨、苹果派、牛油果、咖啡，还有一小箱果汁等。我不知道该买什么，只怕两位老人是不喜欢吃这些东西的。这次去差点不认得了，因为跟五个多月前白雪皑皑时的西黑文实在差别太大，开车进去仿佛是钻进了树丛里。这次看到史景迁的家很大，后面有一个院落，外边不远处便是近乎茂密的树林。推开厨房的后门出去，一条铺着鹅卵石的小径通向院里的中式木结构小亭阁，上书"呦呦亭"，应该是取义《诗经·小雅》："呦呦鹿鸣，食野之苹。"

图2 汤姆·汉克斯在耶鲁毕业典礼上演讲

风和日丽的时候，想必史先生会约上一些文人雅士在草坪上露天烧烤、谈古道今，那实在是一件再惬意不过的事情。晚上，在参天的树枝中还可以看见在黑暗中到处飞舞着的萤火虫。除了我们之外，那天一起吃晚饭的还有金安平的侄子一家三口和另外一对母子，也是他们的朋友。晚餐很简单，一些土豆、烤肉、沙拉、鸡块，加上餐后甜点，都是一些冷盘。与中国人不太一样的是，对美国人来说，吃饭最主要的是聊天，而我们更多的则是纯粹地吃饭。晚上是我们自己打车回来的，史先生年纪大了，视力不好，金安平不让他在晚上开车。

在耶鲁期间，金安平对我们如同家人一般，没有她，那些日子会完全不一样。现在每每想起来，我就会感到很愧疚，觉得自己老是去麻烦她老人家。面对充满睿智、颇有绅士风度的史先生，我内心一直诚惶诚恐。我们之间的沟通语言是一个问题，而自己的专业和学术涵养是另一个问题。之前我确实不太了解史景迁在当今史学界的地位，他的《王氏之死》等著作也是后来才陆续读的。我听耶鲁的学生说，史景迁曾被推荐做耶鲁的校长，但被他婉拒了。这么个大人物，却经常为我们这些无足轻重的晚辈学生做这么多细微琐碎的事情，实在羞愧难当。

2014 年春天，史景迁夫妇来中国访问，为期三周，在北京、上海等多地巡讲，一时成为国内学术界的盛事。我后知后觉，直到牛大勇教授发来邮件，说史景迁夫妇想见见多年来曾经参加过这个项目的学生。那是在北大东门外中关新园的餐厅里，我们大概 16 个人，围着两位老人拼成了一桌。史先生依然是那样地神采奕奕，一双炯炯有神的眼睛，微笑地冲着我点点头。金安平已经全然记不起我了，但是她每次叫我的名字时，我就会回想起她当初熟悉而亲切的声音，仿佛一切还是如故。如今，偶尔翻看七年前自己曾经在耶鲁拍的那些没有人的风景，脑海里时常想起两位老人，想起那段时光。

耶鲁时光，人生宝藏

包倩怡 历史学博士，2012年北大—耶鲁博士研究生交流项目参与者，现任职于北京外国语大学历史学院

离开耶鲁已经多年，然而，回忆依旧清晰。2012年，北大一共派出了两名学生。与我同行的是同系的冯立冰。耶鲁之行，是相当省心的，因为接机、住宿、保险等等事宜，都由金安平老师事先安排。甚至，银行开户，后来也由金老师亲自带我们去办理。

记得当我与立冰拖着大箱小箱下车时，在公寓的停车场，第一次见到金安平老师。金老师给我的第一印象，是温和优雅。（2014年北京再见，她依旧温和优雅。）那天恰好赶上她在大洋彼岸的女儿来探亲。金老师便带着女儿一同在公寓等我们。她的女儿是位知名的美食作家，活泼善谈。

我原本就认识耶鲁历史系研究欧洲中世纪史的教授Anders Winroth。Anders是瑞典人，中世纪教会法专家。在界定格兰西的

图 1　中世纪欧洲的法律课上抄本阅读

《教会法汇要》版本上有突出贡献，学生们喜欢戏称他为当代教会法研究中的格兰西。很自然地，我在课业上听他的意见较多。考虑 Anders 的建议并结合自己的研究需要，我选了三门研究生课程：中世纪欧洲的法律（Law in Medieval Europe）、古文书学（Paleography）与中世纪神学概论（Medieval Theology Survey）。

抄本课的上课地点在拜内克珍本善本图书馆（Beinecke Rare Book and Manuscript Library）。每次课上，Barbara Shailor 教授都会准备几辆小推车，上面摆满抄本。随着课程进展，她将抄本一部部打开，如数家珍。这些昂贵的抄本，小巧得常常在我们指间辗转，庞大的则接受我们的起立观览。拜内克是耶鲁人的骄傲；Barbara 的这门课程，则是耶鲁中世纪学人的骄傲。

Anders 的法律史，遵循了耶鲁中世纪史研究对抄本的重视。这门课的上课地点在法学院图书馆的珍本室。法学院大概是耶鲁大学中的豪门。它的院属图书馆有自己的珍本室，收藏逾 5 万本的抄本与珍本。珍本室的管理员 Mike Widener “牛” 得很。我们在他眼皮子底下上课，他是我们的编外指导，偶尔还颇权威地插上几句话。除了阅读与讨论中世纪法律史的相关材料，这门课要求每人研究一本抄本。我很悲催地领到一本很有难度的。一直到近学期末，我才差不多搞明白这位 11 世纪抄写员的速写手法。

相较于抄本辨识，英语阅读简直就是小儿科。因此，阅读量巨大的中世纪神学课，反而成为最容易的课程。Denys Turner 是位口才极佳的教授。据说脾气也大，收到学生邮件，通常都不予回复。我遇到过历史系的一名博士生，为了请教，专门上课堂堵他。他颇具英国绅士做派，时不时在课堂上奚落一下美国人。他从来都不用 PPT，连板书都很少。课上，他喜欢在教室前面走来走去，偶尔手里还拿着杯咖啡（也许是英国的红茶）。听他用纯正的英音将神学家们娓娓道来，思路清晰，化繁为简，是种享受。

耶鲁最令人难忘的，恐怕非图书馆莫属。除了上述拜内克珍本善本图书馆和法学院图书馆，神学院图书馆藏书量也很可观。当然，它们远远无法与通过地下相连的贝斯图书馆与斯特林纪念图书馆媲美。地下通道的咖啡厅，常年低价（1 美元）向学生提供咖啡，也令整个图书馆总是萦绕咖啡的香味。醇厚的咖啡飘香中，斯特林纪念图书馆的哥特建筑越显庄严。对于研究大格里高利的我而言，耶鲁图书馆的馆藏是随时可取，用之不竭的宝藏。

Linonia and Brothers 阅览室是斯特林整个建筑中最让我流连的地方。这个阅览室右侧墙上满是历史文献，收录了我需要的拉丁文史料，靠左侧排列的书架上全部都是小说。这个馆桌椅不多，因此给读者保留了很大的阅读空间。我一直不能理解，被我当作艰深的史料来“啃”的文献，为何在这里会与小说“齐眉”？这个馆，也见证过金老师与史先生举案齐眉的故事。听金老师说，他们夫妇曾经很喜欢在这个阅览室看书。

图 2　Linonia and Brothers Reading Room

图 3　我的图书馆“专座”

我第一次见到史景迁先生，是应金老师的邀请，参加耶鲁书店举办的《思考二十世纪》（*Thinking the Twentieth Century*）新书引介会。这本书是史学家托尼·朱特（Tony Judt，1948—2010年）在患肌萎缩侧索硬化症（ALS）期间与耶鲁历史系教授蒂莫西·斯奈德（Timothy D. Snyder）合作写成。金老师与史先生带着我与立冰一起参加。会后的晚餐桌上，第一次近距离见到史先生。那次吃饭，金老师问了很多立冰与我的状况。史先生话不多，给人的印象是谦谦君子，有一双特别澄澈的眼睛。

再次见面，是应邀到金老师家里做客。金老师在厨房忙碌，史先生向我们展示他们夫妇合作开垦的后院。院子特别大，据说偶尔还会有野鹿光顾。里面有新设的林荫道，史先生为它冠名“香榭丽舍”。沿着小溪流，种了不少水仙。正是开花时节，水仙三两一簇，不甚规则，颇有野趣。水仙品种不少，尤记得立冰喜欢黄色花，我则偏爱白色。史先生大概终于遇到与他爱好一致的人，一进厨房就急急向金老师汇报这个“收获”。金老师厨艺高超，烹饪的大虾特别美味。她提供的牛油果食谱，简单易行、美味可口，后来成为立冰与我餐桌上的常备。席间，看到史先生很自然地起身，替大家更换餐盘，略感意外之余，也颇觉他们家庭的温馨。

在耶鲁，经常能够遇到西学名家。在“中世纪午餐”（Medieval Lunch），我每周都见到研究罗马晚期中世纪早期日耳曼人历史的大家 Walter Goffart。其实，那个时候，我尚且不知道，自己如今会将古代晚期作为一个研究领域，当然也并没有认识到，这位每周都有机会同桌或隔桌吃饭的高大、略胖、略显笨拙的研究员，居然是如此功力深厚，著作等身的学者。另一位“中世纪午餐”的常客 Marcia Colish，是思想史的专家，研究时段与我基本重合。她从不与我们一同吃饭，只端坐一旁，听论文，提问题。这位平时看上去毫不起眼的老太太，常常如学生般安静。在 Denys Turner 的荣休研讨会上，她坐后排，在我旁边，完全没有知名学者的模样。但讲台上的她，却完全是另一种状态。一次餐会上，轮到她读论文，那是真正的器宇轩昂，神采飞扬，与平常判若两人。

耶鲁的老师们，拉近了我与美国中世纪研究学术圈的距离。每每在书册中遇到这些名字，我总是不禁想起耶鲁的时光，并感念金老师与史先生的恩情。

耶鲁梦迹，往事沉迷

| 冯立冰 | 历史学博士，研究员，2012 年北大—耶鲁博士研究生交流项目参与者，现任职于华侨大学华侨与区域国别研究院

诗人普希金曾说："一切都会过去，而那过去了的都会成为美好的回忆。"我们这一代人生活在极其幸福的年代，没有经历过什么大风大浪，生活也总显得有那么些平淡。每当回首过去的生活，一切似乎都蒙着一层粉红色的朦胧与淡淡的美好。而有那么些特殊的时段，在回忆时总是如此清晰，一切细节历历在目，所有感受仍然真切，正所谓历久弥新、魂牵梦绕。在耶鲁学习生活的六个月，就是在生命中镌刻得最深最美的记忆之一。

近日听闻北大—耶鲁博士交流项目因史景迁教授和金安平教授相继退休而正式宣告结束，历届北大—耶鲁交流项目的受益者自发组织编写一本纪念文集。回想第一次听说有师兄师姐赴耶鲁大学交流学习时的羡慕，2011 年秋季在畅春新园学生宿舍楼里准备申请材料的那份紧张，接到录取通知那一刻的兴奋，办理赴

美签证时的激动，2012 年 1 月 5 日整理好两大箱行李在机场候机时的不安，抵达美国肯尼迪机场时的忐忑，从纽约到纽黑文路上的疲倦，初到耶鲁校园时的悸动……关于耶鲁的往事，一点一滴又从记忆中涌现出来。

耶鲁的梦

本科二年级的时候，就听闻北大和耶鲁建立了博士生交换的机制。这是在北大历史学系主任牛大勇教授与耶鲁大学史景迁教授、金安平教授的共同努力下建立的两校互派博士生的项目。看着师兄师姐到耶鲁交换，别提有多羡慕，心想如果有一天我能通过这个项目去耶鲁学习该有多好啊。但是在选择专业方向时，我选择学习印度史，这个选择让我的“耶鲁梦”变得似乎模糊起来，因为通常而言，研究一个国家的历史，应该去对象国学习和搜集资料，研究印度史理应去印度学习才更合常理。事实上，通过北大—耶鲁交换项目前往耶鲁学习的学生中，从未有过印度史方向的学生。这让我一度打消了去耶鲁学习的念头。

2011 年，我通过入学考试，成为一名博士研究生，继续做印度史方向的研究，博士学位论文选题初步定为福特基金会对印度的发展援助，由王红生教授和吴小安教授共同指导。10 月，学校发布《关于选派文科博士研究生赴美国耶鲁大学交流的通知》。看着通知，我又做起了“耶鲁梦”，虽然是印度史方向，但是研究福特基金会对印度的发展援助，很需要到美国去搜集福特基金会的资料，不知道能否通过这个项目去耶鲁学习和搜集论文资料呢？正在此时，接到了在日本东京外国语大学做客座教授的吴小安老师的电话，他鼓励我一定要申报北大—耶鲁的交流项目。吴老师告诉我，他在荷兰阿姆斯特丹大学读博士期间，他的博导就是耶鲁毕业的高才生，他本人在1998年受詹姆斯·斯科特邀请到耶鲁大学访学两个月。吴老师说，耶鲁大学是拥有深厚学术底蕴的世界顶尖学府，有着众多治学严谨的优秀学者，拥有丰富的藏书和资料，还有一批优秀努力的学生，如果能够通过交流项目到耶鲁学习，不仅可以搜集论文所需的资料，而且可以通过参与课程进行方法论的训练，这是完成一篇合格的博士学位论文所必需的，对于我个人的学术生涯也是大有裨益的。这通电话让我更加认真地看待我的“耶鲁梦”。我与王红生老师说了想去耶鲁学习的想法，他表示支持，并从学术层面给我很多建议。此后，我又找刚从耶鲁大学回来的田武雄师兄和滕延海师兄“取经”，他们毫无保留地跟我分享了申请的经验以及在耶鲁学习的各种经历。

有了老师的支持和学长的经验，我开始认真准备申请事宜。参照交流项目的各项要求进行准备，包括研修计划、推荐信、外语成绩等。根据项目的要求，最好在出访前能够联系一位耶鲁的教授。为此，我打开耶鲁大学的网页，认真浏览各位南亚研究领域的教师简介。哈里·布莱尔教授的研究方向与我的博士学位论文非常接近，他研究美国对外援助，并直接参与了美国对印度、孟加拉国等国的援助。我兴奋至极，赶紧给布莱尔教授写了封邮件，表达了想去耶鲁求学、向他请教的愿望。发完邮件后，每天早晨第一件事就是查收邮件，期待布莱尔教授的回信，但一直没有收到回信。眼看就到面试环节了，如果没能事先联系好教授，无疑会让我在面试中缺乏竞争力。就在我心灰意冷的时候，终于收到了回信，布莱尔教授非常严谨，他说迟复的原因是需要认真了解这个项目，他跟金安平老师联系，弄清楚这个项目的情况，并表示愿意与我交流，讨论我的论文。通过这封邮件，我看到耶鲁教授的认真严谨，让我对耶鲁的学习更加憧憬。

耶鲁的家人

从纽约到纽黑文的路上，胖胖的司机师傅介绍着沿途的风

图 1　耶鲁的家

景，交代我们一些注意事项。第一次出国，加上英语水平有限，没怎么太听懂，只记得司机师傅告诫我们，耶鲁的晚上不是很安全，天黑最好不要一个人出门，这让我觉得有些害怕。

终于到了耶鲁校园，已经是傍晚七八点钟，一天的紧张激动加上长时间的飞行，让我感到很疲惫。刚下车，就听到一个亲切的声音，“立冰，倩怡，欢迎你们!”来迎接我们的正是金安平教授，一位非常有气质的女性，很精神，很亲切，让我觉得非常有安全感，一下子放松下来。金老师把我们领进屋，这是金老师帮我们安排的住所。房间布置整洁温馨，有一股淡淡的香味，配上偏橙色的灯光，给人温暖舒适之感。让我意外的是，金老师还给我们准备了食物，是下午专门去超市采购的，此时的我只顾着紧张、兴奋和疲惫，看到这些美食，才意识到饥饿。金老师把我们安顿妥当之后才离开。倩怡师姐做了面一起吃，吃到第一口面的时候，眼泪一下子流下来，当时的感受就如迷路的孩子回到了家，见到了家人。

此后在耶鲁没少受到金老师夫妇的照顾。在选课的时候，金老师专门打电话给我，她说耶鲁之所以是一所优秀的大学，最重要的是她拥有一大批优秀的学者。来耶鲁交流，一定要去与学者交流。她建议我至少选修两门课程，从头到尾认真参加课程的阅读、讨论，最好能完成课程论文。除此之外，还要尽量去参加重要的学术讲座，让自己浸染在浓厚的学术氛围中，倾听、交流、思考。接受金老师的建议，我查阅了相关课程的课程大纲。耶鲁大学所有的课程都有非常详细的课程大纲，包括课程的主旨与内容、每节课的安排、每节课的阅读书目、期中与期末的论文要

图 2　温馨的居所

求，以及其他参考资料。课程大纲中的阅读书目，都是任课教师精心选择的，反映该领域中最有代表性、最权威、最新的研究成果，很多教师还细心地标注出借阅方式或购买地点。根据课程大纲，我初步选择了几门课程跟金老师商量，金老师耐心倾听我的设想，并给我很多专业的建议。

在生活上，金老师和史先生也给我们很多关照，他们二人平易近人、开朗率真，让我感到在耶鲁我是有家人的，并不孤单。记得一次，金老师和史先生带我们去吃比萨，一边聊天一边吃了很多，突然金老师笑得眯起了眼睛："立冰那么瘦，居然那么能吃，哈哈哈。"我才意识到自己真是吃了好多。看着金老师笑得那么开心，我也觉得非常开心。还有一次，金老师和史先生邀请我们去家里做客，我和倩怡师姐查询了公交路线，准备出发，谁知道史先生居然亲自开车来接我们，一路上还跟我们聊了很多轻松有趣的话题。在路上，我们还顺便去了超市，史先生还要负责购买一些食材，在采购的过程中，看得出史先生虽对买菜不算太在行，但却是一位尽力为太太分担家务事的好先生。金老师和史先生的家，既气派又精致，金老师带我们参观，并亲自下厨做了美味的晚餐，至今还记得其中几道美食的滋味，尤其是秘制的小土豆和牛油果。后来学着金老师的配方做了几次，但始终不得要领，看来美食和学问一样，食材简单普通，也似乎知道制作的步骤，但真要做好，那是需要潜心修炼和细致打磨的。

耶鲁的学习

在耶鲁这所世界顶尖学府的六个月，努力地进行学术训练、锻炼学术交流能力、搜集论文资料是我生活的重心。我的研究方向是南亚史，研究 1951—1971 年间福特基金会对印度农村发展的援助。耶鲁南亚研究中心五十余位老师，研究领域广泛，学术水平一流。来到耶鲁之后，我旁听了与我的研究课题密切相关的三门课程，分别是“美国在第三世界推广民主的进程”“南亚的政治经济发展”“南亚发展的人类学研究”，希望借此深化对研究课题的学科背景与学术前沿的掌握，学习相关的概念与理论。

“美国在第三世界推广民主的进程”这门课是哈里·布莱尔教授为本科生开设的，介绍美国在拉丁美洲、非洲、亚洲推广民主的相关理论与实践，思考民主援助的理论如何转化为实践，并探讨民主援助带来的好处和坏处。这门课程从托克维尔的名著《论美国的民主》开始，要求阅读大量关于美国民主与民主援助的重要理论著作。课程以学生主动发言为主，有时布莱尔教授会随机点名让某几位学生发言。为此，布莱尔教授专门写邮件问我，上课时是否可以点名让我发言，他说如果一开始还不太跟得上讨论的节奏，等我觉得合适的时候可以告诉他。面对这么多学生，布莱尔教授能考虑到我这个旁听生的“面子”和感受，我非常感动。我坚持隔几周就找布莱尔教授讨论我的论文，他总是耐心地给我意见，给我提供很多研究线索，并送给我很多参考资料。

“南亚的政治经济发展”这门课是 Tariq Thachil 老师开设的。当我提出想要旁听此门课程时，他说要考虑一下，因为选课学生很多，有些学生没有座位，只能坐在地上听课。对此，我表示非常理解。本以为没有机会听这门课程了，没想到很快收到 Thachil 老师的邮件，他同意我旁听，理由是我只能在耶鲁待半年，如果不让我旁听，我就没有机会学习这门课程了，而其他学生还有机会。我很感谢 Thachil 老师，他的课确实生动有趣，学生们也很活跃，让我对南亚的政治经济发展有了很多新的认识和思考。

我旁听的第三门课是 K. Sivaramakrishnan 开设的“南亚发展的人类学研究”。早就听说 K. Sivaramakrishnan 教授的大名，他曾经在印度做过高级公务员，后来投身人类学研究，研究非常出色。这门课程是博士生课程，每次课阅读和讨论一本人类学著作，这对我来说压力非常大。首先，英语不是我的母语，每周阅

图3 作者于耶鲁大学留影

读一本三百页左右的英文著作并不轻松。其次，我不是人类学专业的学生，没有受过专门的学术训练，对于人类学专业思考和讨论的方式不太熟悉。再次，阅读的著作都是关于南亚国家的，而且几乎都是针对某个村庄的非常具体的研究，其中大量陌生的地名、人名、事件扑面而来，无论是阅读还是课程讨论挑战都很大。最后，这门课的上课形式是讨论，教师只做引导，主要由学生发言，而这门课的学生很少，加上我总共只有四五个学生，我是唯一一位中国学生，其他学生均是印度人，他们英语非常好，语速非常快。于是，每周一下午两点到四点的讨论课，就成了我最大的煎熬。现在回忆起来，印象最深的是，教室窗外环境非常美，室内讨论非常激烈，而我的大脑常常处于云里雾里的状态。我一度感到非常自卑和焦虑，这里要特别感谢李怡文，她是我的本科和硕士同学，当时在耶鲁念博士学位，我跟她聊天说起这种状态，她告诉我这很正常，刚开始都会这样，“你要相信自己，如果你不相信自己，也要相信耶鲁，耶鲁给你机会来这里，就是你自信的理由”。她让我不要太过担心，争取每次课发言一次，由少到多，一点点尝试。我认为她说得很有道理，如果让印度学生来中国，用中文讨论我们的“四书五经”，估计他们一开始也会感到困难吧。这么想，我逐渐对自己“放松要求”，只要求每次课能发言至少一次到两次，就自己最感兴趣的问题，提出自己的想法。这么做，还是很有成效，至少我一节课不差地完成了课程学习，大幅度提升英语学术著作的阅读速度，适应了印度学者的语速，逐渐了解人类学的很多研究思路和方法，并且对南亚发展问题有了很多更为直观和深刻的认识。

除了旁听课程，我还通过参加讲座和学术会议的方式来与学者交流。南亚研究中心定期邀请知名学者讲座，我参加了其中很多讲座，并且与研究领域相近的学者约谈，就我的论文进行交流。另外，我参加了在加拿大多伦多召开的北美亚洲研究学会的年会，在这一学术盛会上，来自世界各地的学者展示了最新的研究成果和心得，通过这次会议，近距离感受了很多学术大家的风采，也得以与学术新锐交流探讨。通过交流，跳出自己狭窄的研究视角，站在一个更高、更宽广的视角反观我的研究，得到很多启发。

历史论文的写作除了需要视角与眼界，最基础的还是史料。这次耶鲁之行的重要任务之一是搜集论文资料。耶鲁图书馆藏书极为丰富，如何有效利用半年的时间，尽可能多地搜集关键的资料，这是我面临的问题。为此，我与图书管理员取得联系，告诉她我的研究题目，请她帮助我。耶鲁图书馆管理员非常专业，她在电脑上给我示范如何有效利用耶鲁图书馆的藏书资源以及数据库，并且教我一些检索的小窍门。在她的帮助下，我找到了福特基金会驻印度代表恩斯明格的档案资料，恩斯明格全程参与了1951—1971年福特基金会对印度的援助，并将其口述史、主要通信资料、项目预算、重要的政府文件等捐赠给了耶鲁大学图书馆。这批资料的发现，成为我论文最核心的资料。我如获至宝，每周都会到档案馆阅读这些资料。除此之外，耶鲁大学图书馆还有大量印度方面的图书资料，这是因为美国给印度提供了大量的粮食援助和发展贷款，允许印度用卢比偿还，美国用这些卢比购买了印度所有重要出版社出版的图书资料，以加强国内的地区研究。因此，美国收藏的印度图书资料非常全面，而且保存良好，甚至比印度本国图书馆的藏书还要完整。耶鲁图书馆允许我一次借阅两百本图书，我每周都借阅大量图书，加班加点地阅读，没办法当场阅读的，就把重要章节扫描成电子版保存。图书馆的工作人员见我借阅这么多图书，问我“你是要在家里建立一个微型图书馆吗?”除此之外，耶鲁购买了很多数据库，我用得比较多的是《印度时报》，可以非常方便地阅读和检索20世纪五六十年代的新闻资料。正是这些宝贵的资料，为我的论文写作提供了坚实的基础。

耶鲁的收获

耶鲁的学习生活时光仅仅六个月，但是对我的影响却非常深远。

在耶鲁进行的学术锻炼和搜集到的宝贵材料，对于我完成博士论文并顺利获得博士学位至关重要。感谢在耶鲁搜集到的大量关于福特基金会援助印度农业发展的资料，我的博士学位论文在2016年底顺利付梓出版。

耶鲁之行是我第一次国际交流，开拓了我的国际视野，积累了一定的交流经验，当然也留下了很多遗憾，这些促使我更多地走出国门，更加有目标地、更积极主动地开展国际交流。

在耶鲁交流结束后，我又前往荷兰阿姆斯特丹大学学习了十个月，此后数次赴印度、尼泊尔等南亚国家调研考察，这些经历让我不断地成长，也让我更加感恩耶鲁的经历。

博士毕业后，我到云南大学国际关系研究院工作，继续关注印度问题的学习与研究。虽然时常遇到困难，也常有迷茫和急躁的时候，但是以往的经历和磨炼，总是能给我力量，让我静下心来，从一点一滴做起，用心做学问。撰写此文之时，我刚刚当上妈妈，真心希望今后我的孩子像他的妈妈一样，幸运地遇到像金老师和史先生这样的好老师，也能够有机会到耶鲁大学这样的世界顶尖学府学习。

Hey，司马迁，我们终会重逢

| 李伟华 | 人类学博士，2013年北大—耶鲁博士研究生交流项目参与者，现任职于云南大学民族学与社会学学院

2021年12月25日，著名历史学家史景迁先生去世，享年85岁。听到这个消息，我悲痛莫名，与他和金安平老师交往的情景，历历在目，思念无穷。

史景迁被公认为全世界最有影响力的汉学家之一。自1974年以来，他完成了14部有关中国的历史著作，包括《追寻现代中国》《王氏之死：大历史背后的小人物命运》等。他叙事生动，善于从细节入手还原历史更广阔的背景，其文字力量远超史学界，进入了真正意义上的大众视野。就像麦克阿瑟基金会给他的颁奖词中所说的，史景迁“将原创性的史学见解与叙述故事的文学禀赋相结合，使其著作在描述人物与情境方面予人以小说式的感觉”。

幸运的是，我和这位历史学家有过数面之缘。

2013 年 1 月中旬，我作为北京大学与耶鲁大学博士研究生交流项目的第一个人类学专业学生，和历史学系同学杜华一起远赴美国。这个项目从 2005 年开始，到 2017 年结束，其经费基本来源于史景迁在耶鲁大学主持的东亚研究理事会；而它之所以能维持 13 年之久，也完全是史景迁及夫人金安平老师全力操持的结果。

我到达美国的那一天不太顺利，纽约肯尼迪机场入关的时间比预想多出好几个小时，等抵达纽黑文时已是晚上九点半。我清楚地记得，我和杜华站在位于约克街的 HGS 耶鲁研究生公寓门口，寒冷的冬夜飘着细雨，在橘黄色的路灯下，两个人影向我们逐渐走近。其中一位是之前和我通过电话的金安平女士，而另一位就是她的丈夫——史景迁先生。很多人说他长得像肖恩·康纳利，确实很像，高大挺拔，目光深邃。

史景迁没有打伞，莹白的发梢隐隐有湿意，左手提着一个竹制的篮子。他向我们温和地微笑着，说："欢迎你们来耶鲁，来自中国的年轻学者！"而安平老师则指着史先生手上的篮子对我们说："饿了吧？篮子里面是为你们准备的晚饭！"他们夫妇跟随我和杜华上楼看我们的宿舍，房间里空空如也。安平摇头叹息，转头对史先生说："Jonathan，我们要记得明天给他们带被子和枕头过来。"史景迁点头微笑。尽管在此之前，我已经听说过这对夫妇对中国年轻学者极好，但亲身体验到这份热情与关怀，我还是被感动到了。

在那之后的半年，史景迁先生和安平老师数次邀请我和杜华去他们家吃饭。他们家在纽黑文邻近小镇西黑文，离耶鲁校园不

图 1　雪中耶鲁

远，有一个极其可爱的花园。安平老师会做好吃的西班牙海鲜饭，史景迁则会给我们调制各色鸡尾酒。这对夫妇的感情极好，好到共用一个手机。在我看来，史先生与现代世界隔着一个爱情的距离。

在那里，我们还会遇到其他学者，比如著名人类学家詹姆斯·C. 斯科特先生、耶鲁大学研究鸟类的博物馆学者 Kristof 与他夫人 Yunia。这种跨学科的聚会对于像我这样的年轻研究者来说是奢侈的经历。

在耶鲁预期的学习之外，我还有一次深度采访史景迁的机会。2013 年 5 月，中国的《时尚先生》要制作一期“大师特辑”，拜托杜华和我采访史景迁。

在正式采访的6月，杜华已离开耶鲁回到北京。我在史先生的家，并用skype与在北京的杜华连线，两个人共同提问。那个上午，史先生聊得很尽兴。而安平老师就一直坐在边上听着，史先生的有些回答让她都颇感惊喜，偶尔插上一句："Darling，really?"

在访谈中，史景迁对于他为什么研究中国的历史，打了一个有趣的比方。他说："研究历史有点像采蘑菇。一个新手每次可能只能采到一个蘑菇，但是对那些采蘑菇的高手来说，蘑菇似乎就围绕在他们周围。你时而扒开树叶，时而寻找湿润的泥土，有时你可能找了几个小时一无所获，却突然发现一个树洞，里面长满了等待你采摘的蘑菇。中国是一个充满戏剧的国度，有丰富的历史记录和无数值得讲述的故事；对于我来说，中国是一片满是蘑菇的森林。"

图2 耶鲁毕业典礼

但是，光是找到蘑菇还不行，采来的蘑菇还要做菜。谈到如何将“蘑菇”做成一盘美味佳肴，史景迁觉得最具挑战性的是触碰到故事的本质。“作为一名作家，我很高兴知道历史上发生了那样一件事，而我破解了它，其他人也可以分享我所创造的那个时刻。”他说，“用最大的精确度和感性来描绘画面，就能让那些张力很小的时刻再现在我们眼前，这就是故事最激动人心的部分。”

他还提到了他自认为写得最好的片段，那是《王氏之死》一书前言部分的最后一段。他在书中那样写道——

> 就我对王氏的认识而言，曾感到模糊不清和艰涩难解。对我而言，她就像人在退潮的海水看到的一块闪闪发光但又后悔捡起来的石头。因为随着石头在阳光下被晒干，石头的色彩很快就会消失。但是王氏故事的色彩和纹线并没有消退，它在我的手里变得越来越鲜明了。我不时地感到，这块石头正将热量传递到手握着它的生命之躯。

“我记得我在40年前写下了这句话。”史景迁回忆道，“我很高兴能写出这样的话，因为这是讲述历史的一种方式。”

我问他，他最愿意生活在中国的哪个时代，他回答说，西汉，也就是与司马迁生活在一个时代。他这样评价这位中国的“历史之父”：“他非常清楚如何构建故事，也知道如何能让故事产生长久的影响。中国早在西汉前期就有着如此强大的文学与史学完美结合的传统，我对此印象非常深刻。”史景迁甚至还向我描述了一番他想象中与司马迁相遇的场景：“我们见面时，会互致问候，互相倒酒。临别时，司马迁会跟我说，嘿，伙计，很高兴认识你，我们应该下次再见面！”

在结束了这次采访后，我怀着极其兴奋的心情回到宿舍。然而，意想不到的事情发生了：录音机上的文件无法播放！我急忙将录音文件导入电脑，然而电脑也无法正常播放那些文件。我意识到事态严重，赶紧打电话给在北京的杜华，问他那里有没有完整录音，他告诉我，录音效果特别不好，几乎不能用。我们俩都醉心于倾听史景迁的讲述，竟然忘了检查录音这一项最基本的操作！

我战战兢兢地将此事告诉了安平老师，诚惶诚恐地问史先生有没有可能再接受一次采访。安平在电话那头说：“过一会给你

图 3 与缅语班学生合影

回电话，但是我不能确定史先生会不会生气，他从来没有补录过采访。”20分钟后，安平老师打来电话告诉我，史先生答应了，但时间不能像早上那么久。

于是，当天晚上7点，我又一次坐在史景迁先生家的客厅里。史先生还是温和地微笑着，还端了一杯热茶给我。不过，他毕竟是累了，晚上补录的时间比上午少了20分钟。在结束的时候，史先生站起身，跟太太说，庆祝一下吧。还跟我打趣道：“要不是因为早上没有录好音，晚上也没有什么充足的理由和心情庆祝的！”

在回国之后，我很快等到了与史景迁夫妇的重聚。2014年2月底，他俩来中国进行学术访问，参加过交流项目的同学都在北京与他们欢聚。那一年的秋天，我在云南大学找到了工作，并第一时间告诉了安平老师。在耶鲁的时候，我就说过想做斯科特“Zomia”的研究设想，而来昆明是一个很好的开始。夫妇俩特别开心，打趣以后到云南也有一个落脚之处了。2016年的深秋，他们介绍了当时一起“蹭饭”的Kristof和Yunia来云南做鸟类调查，拜托我好生陪伴。我当然乐意延续那份在耶鲁结下来的情缘。一个意外的收获是，我们居然在高黎贡山发现了一个全新的甲虫物种！（It was the first encounter of this beetle in China and it is most likely a new，undescribed species!）

可惜的是，他们最终没有来云南。2014年的那次学术访问是他们最后一次一起来到中国。当我听到史先生去世的噩耗，悲痛之余，也禁不住想：史先生应该已经在天堂见到司马迁了吧？两人是否已经开始把酒言欢了呢？

光阴易逝，耶鲁难忘

| 杜　华 |　历史学博士，2013 年北大—耶鲁博士研究生交流项目参与者，现任职于武汉大学历史系

2013 年 1 月，美国东部时间 14 日傍晚，纽黑文飘着小雨。我和北京大学社会学系的博士李伟华经过将近 30 个小时的旅程，终于抵达此行的目的地——耶鲁大学。

时至今日，耶鲁留给我的第一印象不是有着数百年历史的古典建筑，而是一种家的感觉。我和伟华刚刚领好钥匙，走进我们位于研究生院（HGS）的宿舍，史先生和金老师就冒雨来看望我们，并给我们带来了金老师亲手烹饪的食物。我们出国时比较仓促，也没有太多的经验，很多必备的生活用品都没有带来。第二天，我们还在商量着要去附近的超市去购买生活用品，史先生和金老师已经为我们送来了床单、被子和浴巾，而且每一件都是双份，以方便我们换洗。

这仅仅是我与史先生和金老师交往的开始。在接下来的半年

时间里，史先生和金老师在生活和学习方面给予了我们可以想到的几乎所有帮助，让耶鲁成为我们终身感激的温馨家园。后来，每当我与通过其他项目出国交流的朋友聊天后，总会感慨北大—耶鲁这个交流项目对中国学生之细致、贴心和周到，由衷地感激史先生和金老师所付出的辛劳。虽然已经过去整整八年了，但依然记得其中的诸多细节。

在出国之前，金老师就多次打电话与我们沟通，嘱咐各种注意事项。我们抵达的那日，史先生和金老师有事无法来接机，但早早就安排好司机在机场接待我们。之前，参加这个项目的学生往往会在校园外租房，我们来的这年，因为校外的房子紧张，金老师就向学校申请，让我们住在研究生院的宿舍。这里位于耶鲁校园的中心，既安全又方便，距离图书馆只有一街之隔。因为宿舍做饭不方便，金老师还贴心地为我们申请了就餐卡，里面还充好了一个学期的费用。在抵达学校之后，金老师专门安排了一位华裔留学生带领我办理校园卡等各种手续。此后，包括办理银行卡、申请社会安全号码、退税等事情，金老师无不亲自过问，尽量避免各种麻烦。

当然，记忆最深的还是与史先生和金老师聊天。来到耶鲁不久，史先生和金老师就带我们去“十字比萨店”吃比萨。在此之前，我曾多次在史先生的书中见到这个大名鼎鼎的比萨店——史先生曾在这里写过不少书。史先生亲自驾车，在路上还幽默地自夸了一下自己的车技。在餐厅里，史先生和金老师饶有兴致地听我们讲述自己的研究方向和来美国之后的感受。他们对我们的成长经历更感兴趣。两个在湖南、湖北的乡下出生的孩子，是如何一点点成长，进入大学，又对东南亚研究和美国历史产生了兴趣。史先生和金老师听得认真，面带笑容，不时露出惊讶的神情。记得金老师说，每一个中国学生经历，对他们而言，都特别珍贵，都是了解中国的一面镜子。

我们到耶鲁的那个春天，美国东部突降罕见的大雪，导致我们去史先生家中过除夕的计划泡汤了。雪停之后，史先生和金老师叫上他们的几个朋友，和我们一起在家中聚餐，以庆祝还未远离的春节。开车把我们载到史先生家的是一对耶鲁的鸟类学家夫妇，他们说观鸟是史先生和金老师的一大爱好。我们到了之后才

图 1　耶鲁校园内的墓园

发现，《弱者的武器》一书的作者、大名鼎鼎的人类学家詹姆斯·斯科特（James C. Scott）也在其中。史先生说他们是多年的好朋友，他们都爱讲故事和听故事，也喜欢一起去采蘑菇。那晚，窗外大雪纷飞，屋内欢声琅琅。我们在史先生和金老师的家中包饺子、喝茶、品尝金老师烹饪的各种美味佳肴，度过了一个终生难忘的春节。聚餐完毕，已是晚上十点多。史先生的朋友开车载我们回宿舍。在离开之前，史先生已经先出门，替朋友扫去落在汽车玻璃上的雪。

这些只是镌刻在我记忆深处的细节，在这半年时间内，史先生和金老师所给我的帮助还远不止此。但是，如果我的半年耶鲁之行，收获的仅仅是一些关于美国生活的片段和回忆，那么肯定会让史先生和金老师失望。因为这个项目的初衷，是给北大高年级的博士生到美国搜集原始材料、开阔学术视野、提升研究水平的机会。于我自己而言，这确实是一个无比珍贵的机会，它直接促使我改变了博士学位论文的研究方向，也极大地影响了我此后的学术生涯。

在来美国之前，我已经基本确定了博士学位论文的研究方向。当时，我选定的题目是《美国辉格党意识形态研究》。辉格党（Whig Party）兴起于19世纪30年代初期，作为美国第二政党体系的主要成员，其对美国历史产生了深远影响。在内战前数十年中，辉格党中聚集着一批颇具影响力的政治家和思想家，比如亨利·克莱（Henry Clay）、丹尼尔·韦伯斯特（Daniel Webster）、威廉·西沃德（William Seward）以及年轻的林肯（Lincoln）等。博士一年级时，我在王希老师的“美国内战与重建”课程上读了埃里克·方纳（Eric Foner）教授的成名作《自由土地、自由劳动、自由人》，受其影响，尝试对辉格党意识形态进行考察。

但是，来到耶鲁之后，我逐渐改变了自己的想法，最终选择了一个新的博士学位论文选题——《废奴运动与内战前美国民主政治的演变》。其实在赴美之前，我在选题上就有些犹豫。理性地看，这似乎是个不错的论文选题。美国学术界的研究并不算丰富，国内学者则几乎没有触及该问题。这个问题的研究材料比较集中，操作性比较强，耶鲁大学图书馆也收藏了很多重要的一手文献。但是，在情感层面上，我对这个选题却有些怀疑。心中一直隐隐

图 2　斯特林纪念图书馆前的草坪

觉得，这个题目似乎太过陈旧。更重要的是，我一直对政治精英缺乏足够的兴趣，更关心普通人的经历。促使我改变选题的最重要原因是美国的现实问题。此前，我只是在书斋中阅读美国历史，对美国的现实缺乏了解。在耶鲁交流的这半年中，我深刻体会到，种族问题是美国当代社会面临的最严重的问题。从某种程度上说，它也是美国建国以来一直都无法解决的核心问题。非裔美国人与纽黑文城市发展之间的微妙关系，更加深了我的这种看法。当时，我朦朦胧胧地意识到，要想深入地理解美国历史，尤其是理解美国民主政治的演变，就必须要对种族问题有所了解，而要深刻考察种族问题，就无法绕开奴隶制问题。因此，我将关注的焦点逐步转移到奴隶制问题上来。

直接推动我转向废奴运动研究的则是在耶鲁大学的学习经历。作为交换生，我们都没有获得学分的要求，但是耶鲁方面还是鼓励我们旁听一些课程。金老师相当负责，她要求我们把想选的课程发给她，她和史先生可以对这些课程，尤其是授课老师有大致的了解和判断，然后再给我们一些建议，以便我们选择这一领域内最好的老师、最好的课程，最大限度地利用好时间。在金老师和史先生的建议下，我选择了三门课："美国早期政治的形成：1789 年""共和国早期史"，以及"十九世纪美国史文献阅读，1815—1880 代"。这三门课都是关于共和国早期史和 19 世纪美国史的，与我的研究有很大关系。前两门课由乔安妮·弗里曼教授开设，后一门是戴维·布莱特教授开设。乔安妮·弗里曼教授专攻美国革命史和共和国早期史，是美国政治文化史研究的代表性学者之一。戴维·布莱特教授是美国史领域内颇具盛名的大家，以内战史研究闻名于世。乔安妮·弗里曼教授的两门课起于建国，讫至19世纪中期；戴维·布莱特教授的课则正好从19中期到19世纪后半期。这三门课让我受益匪浅，直接影响了我的研究方向。

在赴美之前，我就拜读过弗里曼教授的部分文章，并在线听过她主讲的《美国革命史》公开课。2012年11月，北大历史学系和罗伯特·史密斯杰斐逊国际研究中心联合主办了“杰斐逊时代的民主、共和与国家构建”国际学术研讨会。弗里曼教授受邀参加了会议。在此期间，我们有过一些交流。得知我申请到北大—耶鲁的交流项目后，她欣然同意担任我的“接待导师”（host professor）。到耶鲁之后，我们很快就在她的办公室见面了。她告诉我，她的课程都是给本科生开设的，我只要去旁听即可，没必要提交作业；但是，我在研究中遇到的所有问题，都可以向她寻求帮助。我至今清楚记得，在离开办公室的时候，弗里曼教授认真地说道：“Duhua，You should make best use of me！”

弗里曼教授的课程围绕着美国共和国早期的政治史展开，侧重引导学生从政治文化入手，进入历史语境，观察共和国早期政治的特殊性。在此之前，我对共和国早期政治的理解基本局限在传统意义的政治史范畴之内，视野所及，无外乎是美国的宪政体制、政党竞争、精英人物，以及共和、民主等一些宏大的概念。弗里曼教授则一再告诉学生，所有的政治人物和政治体制，都不是脱离时空而存在，而是在具体的文化语境之内运行的，如果脱离这种政治文化语境来看待历史，很容易对历史产生误读。共和国早期政治文化最特殊的地方在于，美国人创造了一个全新的政治体制，这个体制本身，以及人们对它的理解和期待，都处于不稳定状态，不理解这一点，就无法真正理解共和国早期的政治。这也是弗里曼教授与大部分的政治文化史学者不一样的地方。她并不热衷于分析政治仪式和政治符号，而是尝试在具体的政治历史语境之中理解我们已经耳熟能详的政治事件。受她的影响，我开始注意到在共和国早期，美国人对公众意见（public opinion）与民主政治的关系有很多思考和争辩。但是到 19 世纪 30 年代，这种争议似乎结束了，公众意见获得了至高无上的地位，被视为民主政治的指南针。那么，这种转变为何会发生？在内战前，不同的群体是如何通过影响公众意见来影响美国政治的？对这些问题的思考，成为我的博士学位论文选题的关键。

布莱特教授则是我未曾见面的“老熟人”。在硕士期间，我曾部分地听了他的公开课“美国内战与重建”。到北大后，第一次读到他的名作《种族与统一：美国人记忆中的内战》（*Race and Reunion*：*The Civil War in American Memory*），就深受震撼，对他的深刻洞见和优雅的文笔一直钦羡不已。来耶鲁之后，我很快就给布莱特教授写信，约好在他的办公室见面。布莱特教授得知我访美的时间只有半年，需要花费很多时间搜集资料，就慷慨地答应我去旁听他的博士班课程。当我就论文选题请教时，布莱特教授说，政党政治并不陈旧，辉格党确实也值得研究，关键在于对你来说，这个题目是否有意义。这给了我很大的信心，也让我在选题方面更加纠结。3 月下旬的春假时，我只是去了一趟普罗维登斯，到美国政治史大家戈登·伍德（Gordon Wood）就职的布朗大学转了转。其余时间，我一直图书馆阅读，苦苦思索论文的选题。

后来，在布莱特教授的课上，我逐渐找到了方向。布莱特教授的课是经典的讨论班，他围绕着19世纪历史的若干重大问题列出书目，每堂课都有大量的阅读任务。这门课完全为我打开了观察19世纪美国史的窗口，单是那十几页的书目，就是一份宝贵的财富。布莱特教授虽然年逾六旬，但丝毫没有落后于史学潮流之势。他所选的书目，既有传统的政治史，也有最新的文化史和社会史著作。每次上课时，布莱特教授总是身穿一件黑色的长风衣，捧着高高的一摞书走进教室，然后围绕他提出的问题进行

图3 作者于耶鲁法学院图书馆留影

讨论。选这门课的都是美国早期史的博士生，加上我总共也只有五个人。所以我也不好意思总是旁听，“窃取”他人的思想成果。每次课前我尽量阅读文献，布莱特也时不时问我对某个问题的看法，这让我对19世纪美国史的了解更加深入。更重要的是，布莱特教授浸淫19世纪美国史多年，对这段历史的脉络了然于胸，总能引导我们超越新史学潮流的杂树繁花，看到历史事件的深层根基。这些课程让我深刻地意识到，奴隶制问题是整个19世纪美国史的关键问题，这一问题的发展、演变和遗产，无不对美国历史产生了难以估量的重要影响。正是在这门课上，我第一次对废奴主义者产生了浓厚的兴趣。此前，在我的印象中，废奴主义者只是一小撮受宗教精神鼓舞的激进改革者，位于社会边缘，对全国政治的影响甚微。但是，布莱特告诉我，这种看法其实是一种非常传统的史学观念。他的学生理查德·休厄尔（Richard Sewell）在1976年就出版了《为自由投票：美国的反对奴隶制政治，1837—1860》（*Ballots for Freedom*：*Antislavery Politics in the United States*，*1837—1860*）一书，讨论了废奴主义者对内战前政治的影响，不过反响不大。近年来，不少学者开始重新考察废奴主义者对内战前美国政治产生的影响。但是这样的研究才刚刚展开，还有很多可以深入探究的空间。

于是，在到达耶鲁三个月之后，我决心改变原来的博士学位论文计划，将废奴主义者与美国政治的关系作为我的研究方向。但是，当时我还有些犹豫，一方面是找不到具体的切入点，二是我对公众意见仍有浓厚的兴趣。这时，弗里曼教授给了很大的帮助。在一次聊天的时候，她告诉我：何不将二者结合起来，研究废奴主义者如何通过改变公众意见来影响美国政治？后来，弗里曼教授还介绍我认识了非裔美国人研究中心的年轻学者爱德华·鲁格默（Edward Rugeme）。他告诉我，如果要研究奴隶制政治，就不能忽视法律问题，北部自由州在内战前通过的人身自由法或许是一个值得探讨的领域；迄今为止，全面、深入地讨论人身自由法的专著仅有托马斯·D. 莫里斯（Thomas D. Morris）在1974年出版的《让所有人自由：北部州的人身自由法，1780—1861》（*Free Men all*：*the Personal Liberty Laws of the North*，1780—1861）一书。这也极大地开拓了我的研究方向。

就这样，我基本确定了博士学位论文的研究方向，接下来的主要任务就是搜集资料。耶鲁大学图书馆有相当丰富的馆藏，且与布朗大学、哥伦比亚大学、哈佛大学等名校有馆际互借项目。最重要的是，奴隶制问题一直都是耶鲁历史系的传统强项。在戴维·布莱特之前，埃德蒙·S. 摩根（Edmund S. Morgan）、戴维·布里翁·戴维斯（David Brion Davis）这两位奴隶制问题研究领域的权威学者，也曾长期执教于此。因此，耶鲁大学图书馆中关于废奴运动和奴隶制的资料十分丰富。布莱特教授主持的“吉尔德·莱曼奴隶制、奴隶反抗和废奴研究中心”（The Gilder Lehrman Center for the Study of Slavery，Resistance，and Abolition）还收集了大量关于逃奴问题的原始材料。此外，耶鲁大学图书馆购买的两个数据库——“奴隶制与反奴隶制跨国资源”（Slavery & Anti-Slavery：A Transnational Archive）和“奴隶制、废奴与社会正义”（Slavery，Abolition & Social Justice），也收藏了非常丰富的有关奴隶制和废奴运动的史料。弗里曼教授还热心地给我推荐信，帮助我申请马萨诸塞州历史协会的短期研究项目。虽然未获成功，但是帮我打开了另外一扇查找资料的窗户。我在马萨诸塞州历史协会、波士顿公共图书馆、纽约市公共图书馆、纽约历史协会搜集到不少资料。

在2013年4月，得益于弗里曼教授和金老师的帮助，我从耶鲁东亚系拿到了一笔经费，去旧金山参加了2013的美国历史学组织（OAH）的年会。这是一次开眼界的旅程。在会议上，我见到了埃里克·方纳、史蒂文·哈恩（Steven Hahn）、艾明如（Mae Ngai）等美国史名家，也在各个会场上见识到美国史学的最新发展趋势，还有幸参加了OAH为中国学者准备的欢迎午餐，见证了三位中国学者领取OAH奖励的时刻，这都让我对于中国的美国史学的发展充满了信心。

半年时光转瞬即逝。在回国前夕，我和伟华自告奋勇，要去金老师和先生家中，亲手为他们做一顿晚餐，以表达我们的谢意。金老师欣然同意了。那是一个美好的夏日傍晚，纽黑文尚未进入酷暑，虽有落日夕照，但凉风习习，气温宜人。我和伟华拿出平生绝学，炒了四个家常小菜。或许是怕辜负我和伟华的美意，金老师和史先生吃得很开心，还夸我们的手艺不错。饭后，我们在金老师和史先生家的花园里聊天，从夕阳西下直至华灯初上。

回国之后，我与史先生、金老师和耶鲁大学的联系并未中断。我曾好几次写信向弗里曼教授请教。我的每一封短信，总能得到她的详细回复，后面还必定附着长长的书目。2014年2月底，在牛大勇教授的邀请下，史先生和金老师来北大历史系进行学术访问。可能是因为我回国不久，史先生和金老师的住所正好又在我的宿舍所在地中关新园，所以牛大勇教授安排我来陪伴史先生和金老师。史先生计划在北大做四场讲座，并邀请我做现场翻译。我担心自己的英语水平不足以胜任这项任务，有些犹豫。史先生幽默地给我打气，说你的英文比我的中文好多了。每次讲座前，我们聊半个小时，史先生会把他的讲座大纲告诉我，有不懂之处，我就马上向他请教。如此下来，算是勉强完成了这项任务。在这几场讲座中，史先生受到了前所未有的欢迎。无论多大的教室，每场都是爆满，走廊里都挤满了人。讲座结束后，还有很多人排队请史先生签名。而且，很多的媒体都想采访史先生。记得第一次讲座结束后，在步行回中关新园的路上，我们半开玩笑地告诉史先生："您今晚就是一个摇滚明星！"史先生挺开心，但是又有些困惑，不知道自己为何这么受欢迎。2013年6月，我和李伟华受《时尚先生》杂志所托，曾给史先生做了一个访谈。得知史先生来华，这次访谈的责编蒋明倬女士请了摄影师刘香成和李晓亮为史先生拍摄。我有幸与史先生和金老师一起逛北海、吃火锅。在这段时间，我与史先生有比较多的交流，切身地感受到他对中国的友好态度和深厚情感，也领略到他率真可爱的一面。每次做完活动回到房间，史先生总想喝点红酒，吃几片牛肉。有时，他想多吃一点东西，就会像孩子一样，用期盼的眼神看一眼金老师。他还会向我推荐在京东上购买的红酒，说好酒不一定特别贵。这是我与史先生和金老师的最后一次见面交流。他们回国之后，怕打扰他们的安静生活，我一般只会在圣诞或新年的时候给他们写封邮件表达问候。

凭借在耶鲁积累的材料，我在2015年底顺利写完了博士学位论文并得到了答辩委员会的不错评价。2018年4月，我有幸获得美国历史学家协会的资助，前往萨克拉门托参加2018年的美国历史学家协会的年会。在会上，我惊喜地发现，我的研究方向现在仍是美国史研究的前沿领域。会后，我去波士顿的马萨诸塞州历史协会查资料，一度想去看望史先生和金老师。但是时间太短，我又身处聘期制考核的关键时期，想尽快回国写论文，就放弃了。

2020年初，新冠病毒感染疫情暴发。2月11日晚上，伟华突然在微信上联系我，说金老师很担心我的情况，但是没有我的电话。我立刻跟金老师通了电话，表达了我的感激之情。金老师得知小女出生的消息，很高兴，我们约好等疫情过去，我就带着女儿去美国看望她和史先生。史先生正在休息，就没有同他讲话。3月底，我给金老师写邮件问候，并附上小女的几张照片。金老师回信说，她和史先生都好，在家中阅读，不去想烦恼之事。

2021年12月27日早上，有朋友在微信群里发出一张截图，是弗里曼教授在推特上发的消息，说史先生在美国时间12月25日去世。我特别惊讶，立即给弗里曼教授写信，确认了这一消息后，内心无比悲痛，却又不知该如何表达。与史先生交往的诸多情景，仍一幕幕地在眼前闪过。史先生的学术成就自有公论，无须我再做评论。我无比怀念的是与史先生的每一次交谈，他那柔和而又沉静的笑容，优雅但不乏幽默的语言，以及平等宽容的姿态。我想，史先生不仅是一位伟大的历史学家和作家，更是一位伟大的老师和朋友。他的“同情之了解”不仅体现在作品中，也实践在日常的生活里；他是少有的能真正地以平等的姿态去理解他人，并尽力给予他人以友善帮助之人。

这篇小文真的无法言尽我对史先生、金老师和耶鲁大学的感激。我唯一能做的，就是好好利用耶鲁时光带给我的种种收获，在人生和学术道路上勉励前行，像史先生那样，以同情的眼光去理解一种异域的历史和文明。我清楚地记得，2014 年春天，我去史先生和金老师在中关新园的临时住所向他们告别，临走之时，史先生倚在门框上对我说：“Du Hua，You should work hard！”

赴耶鲁大学交流的点点滴滴

| **陈欣琦** | 社会学博士，2014年北大—耶鲁博士研究生交流项目参与者，现任职于平安科技

在北大—耶鲁博士研究生交流项目的支持下，我和另外一位历史学系的博士生从2014年2月起，开始了在耶鲁大学为期半年的访学。回想这次访学经历，仍然感到受益良多，现将一些感受记录下来，也作为对这个项目的组织者牛大勇教授、金安平教授和史景迁教授的感谢！

2010年的时候，我在麦肯锡咨询公司已经工作满3年，面临是出国念MBA（读完还可以回到咨询公司工作）还是在国内找工作的选择。我本人原本就对功利性和社交性很强的MBA并不是很感兴趣，工作几年突然又有了读书的机会，我就产生了去念文科博士学位的想法——我中学的时候其实就在文理分科之间十分犹豫，当时由于很多实际的原因（考分、就业、家庭意见等）选择了工科，一读七年。进入职场之后高强度的工作，又让我根

本无暇进行工作之外的阅读和学习。我突然意识到，考博士是我人生中能够进入向往已久的人文领域的最后机会。于是我暗下决心，闭门念书，经过半年的备考，我在2011年考入北京大学社会学系，师从张静教授。

说起来，之所以选择社会学，一是因为社会学的“有用”：对于理解我们所处的世界，社会学提供了一套视角和眼光；二是因为社会学的“无用”：毕竟很少有什么工作，社会学的背景会给求职者加分——这样我就可以心无旁骛地进行求学了。

对于我这个“插班生”，我的导师张静教授提供了十分宽容的学术氛围，在博士的前两年时间，她让我有充分的时间探索自己的学术兴趣。到了博士二年级快结束的时候，我终于决定了以新型的城市家庭教会集体行动作为博士学位论文的研究议题。

我的研究横跨宗教社会学和组织社会学两个领域，这两个分支社会学都有着很深厚的田野调查传统。但是在国内的基督教会研究上，以往的研究大都以农村基层教会组织或者商人教会组织为主，很少有研究深入城市中以白领和知识分子为主的教会，而这类教会不仅在成员社会属性和组织形态与上述两类教会有所不同，而且在对于圣经文本的理解上也存在很大差异，我很想探索一条不一样的研究路径：从话语领域进入他们的精神世界，从而理解行动。

这时候，恰好通过张静教授，我得知了北大—耶鲁的交流项目。耶鲁大学社会学系是以个案研究、文本分析见长的，耶鲁大学神学院则有海量的基督教研究材料。我想，如果能够去耶鲁大学访学，一定会对我的研究大有帮助，于是便提交了申请。非常幸运，在通过一系列面试之后，我获得了2014年度的两个交换名额之一，得以在2014年年初踏上了赴美的访学之路。

相比其他的公派出国留学项目，由于这个项目得到了耶鲁大学方面的负责人史景迁教授和金安平教授伉俪的大力支持，因此参与人员得到了非常好的关照。从入学手续办理到食宿安排，耶鲁东亚研究所的工作人员都给予了访学人员最大的支持，解除了我们的后顾之忧。

项目的主持人史景迁和金安平两位教授，也给我们提供了无微不至的照顾和指导。我记得到达耶鲁大学的第一天，两位教授就带我们去了据说是纽黑文当地最地道的比萨餐馆就餐，并亲切地向我们介绍了学校的情况和当地的生活文化设施。在访学期间，我们也不止一次受邀去两位教授的家中聚会：我现在还常常回忆起在他们家美丽的后花园里的凉亭里，沐浴着新英格兰的初夏的微风和植物清香的那些谈话，那是一生中最美好的回忆之一。

在耶鲁半年的访学，虽然时间不长，但是我还是极有收获。这种收获首先体现在学术研究的方法上。由于观念和语言能力的原因，很多访问学者往往把注意力大都放在自己的研究上，或者只注重和导师的交流，而忽视了和年轻学者的交流。而在我看来，后者也是非常重要的，这种交流既扩展我们在学术研究的整体思路上的看法，也可以针对我们的具体研究甚至具体到一篇文章。根据我的经验，从这种同伴互助获得的意见和启发甚至超出导师的指导。在这方面，有两类对我的学术研究大有裨益的事情想与大家分享。一类是和访问学校的青年学者的交流，还有一类是充分利用对方学校在论文写作等方面的学术能力培训资源。

在耶鲁期间，我参与了一个情感社会学工作坊，受益匪浅。之前提到，耶鲁社会学以文本分析和定性研究为特色，而情感社会学研究则是其中最有特点的一个研究路径。工作坊的参与者是来自全美甚至全世界各个高校的学者——有初出茅庐的博士生甚至本科生，也有头发花白的教授。每周四的中午 11 点半，工作坊的成员会聚集到一个会议室，会议室里的桌椅摆放成一个环形，边上是一圈自助餐，大都是比萨、墨西哥卷这样的方便食品，大家来了之后，各自迅速取餐拿到座位上，然后当期的主讲人就会自报家门，并且开始报告自己的研究。和国内的工作坊不同，他们的报告往往会跳过冗长的理论综述部分，而直接进入自己的田野调查。在这个工作坊上，我听到了各种精彩的故事：有人讲述南美洲村庄女性的生命故事，有人进入美国底特律的社区探索汽车产业衰落后人们的心路历程，有人试图去理解为纽约上东区有钱人提供家政服务的东南亚移民群体，也有人将目光放在身边的学术研究群体，试图回答在人文教育普遍衰落的时代，人文研究者是如何阐述自己研究工作的意义。其实，相比研究的结论，我认为对于学者来说，互相交流进入田野的路径和理解研究对象的方式，才是更加值得交流的东西。究其根本，学术研究是一个孤独的旅程，而论文的呈现只是对这个旅程的小结，但不是旅程本身。旅程的精彩，就在于学者对于现象的逐渐揭示，以及学者自己思考的逐渐演进。进行人文社会科学研究的学者，每个人都在自己的旅程上步履不停，而这类工作坊的意义，更多是在于让你能够从他人的经历中，得到启发和共鸣。现象世界万千，田野案例各异，但是看似千差万别的现象背后，有着人类共通的情感和思维模式，而正是这些，才奠定了人文科学研究者的思想底色。

除了这样的“软”实力培养之外，耶鲁的研究生院会提供很多硬技能的培训——比如，论文写作工作坊就是对博士生来说最为重要的一种。说是工作坊，其实没有人讲课，而是由两部分组成：第一，每周有一个固定的下午，参加工作坊的同学都会聚集到一个教室，就好像考试一样，开始进行自己的论文写作。别小瞧这个安排，虽说博士生的主要任务就是写论文，但是在很多人身上，写作拖延症都是顽疾。而写作最重要的，我认为，就是培养一种进入心流状态的写作习惯。所以，每周一次的写作，对于初进入专业学术领域的人来说，就是一种习惯的养成。在一个没有其他声音、没有人刷手机、只有噼里啪啦打字声的教室里，你自然会进入一种写作的氛围。第二，则是由高年级同学帮助你修改论文。学术论文，不同于私人写作，是学术圈互相交流沟通的一种媒介，因此，论文写作，也需要有相应的规范和套路。但是，如果落入规范和套路的八股，学术写作也就会变得缺少生命力。就我自己来说，我本科研究生读的都是工科，基本没有人文学术写作的训练，进入人文领域的博士研究之后，最大的障碍不是知识上的，而是写作上的。我做的是定性研究，我希望自己的论文不仅有理论价值，也兼具可读性——即使不是这个专业的人，也能觉得这是一个好的故事。因此，有一个兼具学术背景和读者视角的写作伙伴，就变得尤为重要。我参加的这个写作工作坊，帮助我进行论文修改的就是一位来自于文学专业的博士生。

她不仅帮我进行了英文论文的修改——这对于非英语母语的学生来说非常重要，也作为读者给了我很多好的建议。

以上两种，对于博士生来说，不仅仅是一种能力的提升，更重要的是为你提供了一种“学术共同体”感受——即获得几位和你志同道合的学术伙伴，而这种在学术共同体中建立的同伴关系并不会因为你离开而中断，你可以通过邮件等方式和他们继续保持长期联系。

除了学术生活的丰富多彩，纽黑文的小镇生活也让我真的有机会走进美国人的社会生活和精神领域。耶鲁所在的纽黑文，相比于在纽约、波士顿或者芝加哥这些大城市，可以算是一个“小地方”了，其市区所在基本上都是可以步行到达的。不过，地方虽小，却不妨碍纽黑文是一个颇具魅力的城市。首先当然是耶鲁建筑给这个城市所定的基调，如果你对于建筑感兴趣的话，参观游览耶鲁的校园建筑会是周末休闲放松的最好方法；另外，纽黑文还拥有多家博物馆、美术馆和剧院，也是游览学习的好去处，其中非常值得一提的是耶鲁剧院，很多百老汇音乐剧和先锋戏剧都会在此上演，价格则要比纽约平价许多。

除了浓郁的文化氛围之外，纽黑文仍然保留着移民时期新英格兰社会的一些特征。在纽黑文小镇中心最繁华的地带上，有一片面积约为16公顷的绿地。和其他公园相比，这块绿地显得很质朴，没有精心设计和栽培的花境，草皮也显得有些稀疏。只有错落的古树和纵横的碎石铺设的步道，使它有着一种沉稳的气质。事实上，这块看似普通的纽黑文绿地是美国最有名的城镇绿地之一，它始建于1638年，是早期定居者John Brockett按照古

图 1　纽黑文绿地鸟瞰

图 2　纽黑文绿地上的露天音乐会

罗马城市九宫格的方式规划设计的，而位于九宫格中心的就是这块占地面积为16公顷的绿地，既是中心交易市场，也是军事训练场。而这块场地的面积，据说能够容纳144000人——是基督再次降临时候聚集的信徒人数。当然，在基督到来之前，人们聚集在这里更多的是为了音乐会、农夫市场或者节日聚会。值得一提的是，这块绿地到目前为止，仍然是由一个私人委员会所管理，委员会的成员则是纽黑文小镇最早定居者的后裔。

在纽黑文绿地的中间，有一条18世纪开辟的小路，小路北侧的绿地上有着三座教堂，互相相隔不过二三百米，其中有两个是分别隶属于同为新教教派UCC（联合基督教会）的教会United Church on the Green和Center Church on the Green，另外一个则是一间天主教堂。

其中，位于中间的Center Church on the Green是历史最悠久的教堂，始建于1639年，在很长时间里是纽黑文宗教权力的中心；但是到了2014年，显然它边上的United Church on the Green（建于1814年）更为“热闹”，不仅体现在周日去参加礼拜的人数、教会网站和new letter的完备程度，而且在各种社会事务上——特别是关于少数族群、移民、妇女、环保、甚至LGBT等充满自由主义意识形态的事务上，也经常能够看到United Church on the Green发声。而相对来说，Center Church on the Green则显得比较“中庸”和“传统”。

以我以往的理解，我习惯性地认为，这两家教会肯定是分属于不同的教派——一个偏保守，一个偏进步。但是，出乎我的意料，我发现Center Church on the Green和United Church on the

Green 实际上同属于一个教派——UCC。UCC 是美国新教教派之一，在全美有 5600 个教会成员，信众超过 200 万，美国前总统奥巴马就是 UCC 的成员。UCC 会众是以在教义上的宽容和管理上的地方自治而著称的，他们说自己是“一个极度多元化的教会”。这在 Hartford Institute for Religion Research 2001 年调查中也得到了充分的体现：有 5.6％的 UCC 教会认为自己的成员是“非常自由主义”，22.4％认为“比较自由主义”，3.4％认为“非常保守”，23.6％认为“比较保守”，而剩下 45％认为“比较中立”。根据这种分类，这两家教会就分属“自由主义”和“保守”（至少也是“中立”）两种不同类型。

那么，问题又来了。为什么同在一个城市，甚至同一块绿地的两家同属 UCC 的教会，会有这样的差别呢？我带着好奇参与

图 3　纽黑文绿地上的三个教会，其意识形态也与其位置关系一样，呈现出“左、中、右”三种模式。

观察了 United Church on the Green 的日常活动，并且做了一些小小的调研。我发现，United Church on the Green 在讲述本教会历史故事的时候，宗教宽容这一叙事母题总是反复出现。在教会网站上，专门有“History”这个专栏，在长达十几页的文章里，他们分成几个阶段讲述了 United Church on the Green 的历史。

值得一提的是，这些历史不仅仅留在教会的网站上，还在教会的宣讲、各种活动和教会成员交流中反复被提及，我隐约感觉到：以上关于“宗教宽容”的历史叙事，经常与当下教会所组织和倡导的活动的叙事相交织；这种母题的连贯性和叙事的交织，

图 4　United Church on the Green

让这个有着多元化背景的教会产生了一种共同体的凝聚力，以及自我行动的合理化。反过头去回味耶鲁社会学的文本传统，我更深刻地理解了：从历史到当下，我们都生活在意义的世界中，而将历史和当下发生的事情，汇聚到一个“传统”中去，就是社会建构的一种特有模式。

受到启发，我在回国后博士学位论文的工作中，也采用了这样的范式：仔细梳理了我所研究的家庭教会的布道文本以及文本中所讲述的圣经故事的母题，并将其与教会成员当下的集体行动以及他们借由日记对集体行动和个人精神生活的反思进行对比，为文本、行动和观念之间搭建起一套解释逻辑。受益于在耶鲁进行的学术写作训练，我终于顺利完成了博士学位论文，为自己半路出家的学术研究画上了一个圆满的句号。

最后，还想分享我在耶鲁访学过程中一个意外收获。有一天，我的母亲突然给我来电话，问我能不能查到当年美以美会在山东的一些资料。我非常诧异，她怎么会对这个事情感兴趣？一问才知道，是我的外婆得知我在美国访学还做一些基督教的研究，就和我母亲说了一桩她以前从未和家人谈及过的往事。原来，我外婆的父亲，也就是我的曾外祖父，早年毕业于齐鲁医学院。齐鲁医学院和其他几家老牌医学院一样，都有着基督教背景，于是他读书的时候就加入了美以美会，成为基督徒，后来回到老家青州，又做了美以美会山东青州教会的神职人员，所以我外婆小的时候，就是在教堂里长大的，直到 1937 年日本人入侵，杀害了我的曾外祖父，我外婆才离开家乡参加革命。此后的几十年里，由于历史原因，我外婆都不曾和别人说起过这件事。

90 年代，美以美会曾派人来中国寻找中国牧师的后人，她婉言谢绝了访问，但她也因此得知，新中国成立前耶鲁神学院曾经派人把大批中国教会的文献材料运往美国，里面可能就有关于曾外祖父的情况。因此，当她听说我就在耶鲁神学院的时候，便立即让我母亲联系我，说试试看有没有可能找到一些关于曾外祖父的资料。我听了这个事情，既惊讶又兴奋，花了好几周时间陆陆续续前往耶鲁神学院图书馆寻找。最后，我居然真的发现了一批通信信件，是关于如何在齐鲁医学院招募中国学生做神职人员，以及如何计划在当地开设诊所的事情，信里面就有我曾外祖父的名字。我将这些信件拍照，并将信件里所说的事由告诉了外婆。说完，电话那头，长久没有声音；过了好一会儿，外婆才说：好呀，好呀，知道了，搞清楚了，就好了。那一刻，我突然感觉，来到耶鲁，不仅是一趟学术的旅程，也是一种人生的使命。

耶鲁拾忆

| 魏　汉 |　历史学博士，2014 年北大—耶鲁博士研究生交流项目参与者，现任职于北京外国语大学亚非学院

时光飞逝，日月如梭。转眼间我离开耶鲁已经很长时间了，而此时心中却是满满的怀念。我不承想过在中国我竟然能有机会交换去美国留学，更感激于北大—耶鲁交流项目给我提供了这次千载难逢的去美留学的机会。说起申请北大—耶鲁的交流项目，对我来说实属不易。作为一个印度留学生，我已获得了中国政府的全额奖学金，又要申请去美国留学，我一开始并没有信心。后来和导师牛大勇教授讨论，他说这个项目对北大的外国留学生是开放的，遴选条件都是学术方面的，没有其他方面的限制。于是我怀着忐忑的心情提交了申请。在北大面试时，面试委员们说，“我们用中文来面试吧！”我心里想，“完了，我的耶鲁计划就要泡汤了。”突然有一位教授说：“人家去美国用不着中文，还是英文吧，再说我们的外教也听不懂中文。”听到这句话，我心里对那

图 1 耶鲁大学的毕业典礼

位教授默默地感谢了千万遍。最后面试通过了。

我和北大社会学系的陈欣琦同学在耶鲁进行了为期六个月的交流学习。这期间机遇与挑战并存，而我得到更多的是帮助与鼓励，也有了很多收获。

到达耶鲁大学之后，金安平老师专门过来看我和陈欣琦。金老师请我们吃饭，给我们嘱咐在耶鲁期间需要注意的事情。在金老师的指导下，我选了与我的研究课题密切相关的三门课程，分别是“中国近代史”“比较世界政治”和“印度社会与政治”。我坚持在上每节课之前就完成老师指定的阅读材料，并且认真地听课，也积极地参与课堂讨论。这个过程虽然艰辛，但是收获更多。第一门课是濮培德（Peter Perdue）教授开设的，后两门是Steven Wilkinson教授和Shivnarayan Krishnan教授开设的。濮培德教授专攻中国近代史，是当今美国最重要的中国史专家之一，也是中国环境史的早期开拓者之一。他在1987年出版了*Exhausting the Earth*：*State and Peasant in Hunan*，*1500—1850*。他虽然主要关注社会经济史，但著作却带有很大程度的环境史特征，被认为是中国环境史的开山之作。他在2005年出版的*China Marches West*：*The Qing Conquest of Central Eurasia*是中国边疆史同时也是环境史的巨作。濮培德教授的课有一个特点，就是他每次开始讲课之前都要把学生们带到中国去。我的意思是，每次放一个和课程内容相关的小视频，然后导入课程。我觉得国内也可以参考用这种方法来教历史课，效果也许会更好一些。

Steven Wilkinson教授是世界比较政治与南亚政治领域内颇具盛名的大家，以研究南亚政治为主，他的专著*Votes and Violence*：*Electoral Competition and Ethnic Riots in India*论述南亚宗教冲突的政治根源，在他的课程里有南亚政治和经济的全面介绍。而在Shivanarayan Krishnan教授的课程上，我能更好地了解印度社会。

课余，我积极与三位老师探讨交流。我每次上完濮培德教授的课，都主动和他交流一些问题。濮培德教授还给我介绍了自己的博士生，并曾两次请我到他家做客。在他家里我认识了很多教授和学生，我们讨论的内容主要是学生们的研究领域和各自研究的新进展。Steven Wilkinson教授的课堂讨论是最为热烈的。上课之前，我们都要阅读大量的材料，且上课时每位学生必须要参加讨论，最后 Steven Wilkinson 来评论。在他的课堂上，我学到了如何从不同的角度去分析和思考问题。

我还参加了不同的特别讲座。这些讲座都是耶鲁大学东亚系安排的。东亚系的老师 Abbey Newman 非常热情，如果有讲座，她会第一时间给我发邮件。她还给我安排了在 New Haven Public Library 里教汉语的一个课程。虽然来学习的学生都是年龄比较大而且都已有工作，但是在他们眼里，我能够看到他们对中国文化及对中文的渴望与好奇。我当了一个外国的志愿者老师，无论如何，这些机会对我以后的发展来说，都是弥足珍贵的。

在耶鲁待了两个月时间，有一次受到金安平教授和史景迁教授的邀请到他们家做客。我心里非常激动，因为之前只读过史景

图 2　作者与牛大勇老师（左一）合影

迁教授的著作，现在终于有机会能亲自见到他。史景迁教授在研究中国历史方面非常权威。西方研究中国的学者一定会读他的书，北大—耶鲁交流项目启动以来，每届学生都会被邀请到金安平教授家里做客，这已经是一个传统。我和陈欣琦一起去金老师家，和金安平教授、史景迁教授探讨了相关研究方法、研究题目和相关成果类似的话题。在史景迁教授和金安平教授家感受到了归属感，特别是金老师一直关注我们的学习和生活方面的各种问题，衷心感谢金老师夫妇的关心和照顾。最遗憾的是，当时没有和金老师夫妇留合影。虽然没有留合影，但是金老师夫妇的帮助和关心永远铭记心里。

半年时光转瞬即逝，既是学习，也是生活，老师校友们的关心和照顾，都将是我耶鲁大学之行永生难忘的记忆。特别感谢为我提供了耶鲁大学交流学习机会的北大国际合作部和历史学系牛大勇教授，也特别感谢耶鲁大学金安平教授、史景迁教授、濮培德教授的帮助。希望我以后能用自己的研究成果来回馈和报答大家的关心与厚爱。

耶鲁访学，感谢有你

| 张慕智 |　历史学博士，2015 年北大—耶鲁博士研究生交流项目参与者，现为福建省公务员

近来从师友处得知，北大—耶鲁博士研究生交流项目已正式结束。作为该项目的一名参与者和受益者，我在为其结束深感遗憾之外，更多的是为史先生和金老师感到骄傲和自豪。骄傲的是，在两位老师的大力支持下，这个项目持续了十三年之久，造福了近三十名的北大学子，为他们的学术研究提供了高水平的国际交流平台；自豪的是，身为该项目大家庭的一员，我能够借此项目之机，结识许多优秀的学长学姐。同为史先生和金老师的“学生”，我们对耶鲁访学的记忆凝结成一笔宝贵的精神财富，这些多彩记忆见证了史先生和金老师为这个项目付出的种种辛劳和宝贵心血。于我而言，这篇回忆性的记述既是对我耶鲁之行的回顾，亦是一次良机，让我能够表达内心中的感激之情。

回忆起与北大—耶鲁项目结缘，我要感谢同门师兄杜华。犹

记得当我博士二年级上半学期刚刚结束之时，我开始着手准备出国交流项目的申请。作为美国史方向的博士生，赴美交流似乎成了一种“必须”。一方面，博士学位论文的写作离不开国外史料的搜集；另一方面，作为研究美国历史的学生，若不能亲自感悟美国的政治和社会文化，仅局限于书本之中，实为憾事。那时，刚刚从该项目访学归来的杜华师兄郑重向我推荐，并讲述了他在耶鲁访学的难忘经历。他多次提及了史先生和金老师对这个项目的重视，以及两位老师对他和伟华师兄的照顾和关怀，这些讲述都让我这个“师弟”钦羡不已。在导师的支持和师兄的鼓励之下，我递交了项目申请，并幸运地通过了面试，获得了赴耶鲁访学的宝贵机会。我把这次机遇视为一种奇妙缘分的延续，它让我有幸到美国史的研究重镇耶鲁大学进行学术研究，使我也有机会能够亲自见到史先生和金老师，聆听他们的教诲，感受二人的人格魅力。现在偶然想起，这段赴美前的经历和感悟依旧令我记忆犹新。

马思宇和我一起入选该项目，我们二人对这次耶鲁之行既兴奋不已，又对接下来未知的异国经历感到些许忐忑和不安。此时，金老师的一封邮件，让我们二人在寒冬之时提前感受到了温暖。金老师不仅对我和思宇表示了热烈欢迎，还积极地为我们安排接机和入校登记等琐碎事宜。更为可贵的是，我们在向耶鲁提交申请材料的过程中遇到了一些问题，金老师和史先生在百忙之中，积极帮助我们沟通解决，确保我们能够顺利抵达耶鲁。这些不仅让我们“受宠若惊”，更让我们对耶鲁之行满怀期待。

记得初到耶鲁，纽村下着大雪。尽管如此，史先生和金老师依然驱车前来看望我们，并带我们去纽村出名的比萨店吃地道的美食。尽管我与两位老师未曾谋面，但史先生和金老师的嘘寒问暖和悉心关怀让我在异国有了家一般的感觉。他们仔细询问了我们的学业计划和研修安排，积极地给我们推荐老师和需要旁听的课程。我在耶鲁访学期间的学术导师是研究美国早期史的著名学者乔安妮·弗里曼教授。交谈之中，金老师不仅让我积极地与弗里曼教授沟通交流，还为我推荐了一本历史学家琳达·科利的专著。史先生也就我的研究题目提出了一些学术前沿理论和方法，这些都对拓展我的学术研究大有裨益。饭后，两位老师还贴心地给我们送来了被子等寝具，让我们安心在耶鲁做学术研究。所有的这一切都让我感动不已。

在耶鲁访学的半年里，我不仅为耶鲁浓厚的学术氛围和人文

图 1　作者于 HGS 门前留影

底蕴所折服，同时，我也积极利用了耶鲁大学得天独厚的学术资源，搜集了与自己研究领域相关的大量资料，包括报纸、小册子、学术专著、微缩胶片等，为自己的博士学位论文写作和日后的学术研究奠定了史料基础。耶鲁大学图书馆是每个史学研究者的“宝地”。作为“大学的心脏”，耶鲁大学十余个大大小小的图书馆集合了丰富的学术资源，为学者的学术研究提供了诸多便利。便捷的馆际互借系统，不仅实现了常春藤盟校学术资源的共享，一体化的检索服务也让学术资料的获取变得十分高效。历史学的数据库也非常齐全，仅在美国早期史方向，就有将近十余个相关的数据库可供检索，反映了耶鲁大学作为美国史研究重镇的重要地位。

除了搜集史料，我还旁听了美国史相关领域的本科生和研究生课程，使我对早期史、内战史等研究领域的最新研究进展和理论方法有了更为全面的认识，同时，老师和同学的互动讨论也启发了我的思路和想法，完善和拓展了我自己的研究题材。这些进步离不开学术导师弗里曼教授的悉心指导和帮助。在我初到耶鲁大学不久，弗里曼教授就在办公室与我进行了交流，对我的研究提出了很多有益的指导意见。在得知我的整体安排后，她向我推荐了著名内战史学者戴维·布莱特教授开设的内战史课程，并允许我旁听她开设的“美国早期史”本科课程和“19 世纪美国早期政治文化”的研究生讨论课程。考虑到我的时间较为紧张，她要求我不必将听课作为主要任务，搜集史料最为关键，让我根据自己的需要灵活选择，缺席她的课程不必向她请假。不止于此，她还无偿赠送了许多与我研究相关的书籍，不定时地给我提供有利于我研究的学术资料信息。

在我旁听的几门课程中，我对弗里曼教授开设的研究生讨论课记忆最为深刻。这门课每周通过对一到三本专著或一些学术论文的细读来观察美国早期政治文化史研究的路径和新趋势，借助问题意识的发现与解释框架的抽丝剥茧来培养学生的批判性思维。课上学生参与讨论的踊跃程度非常高，每个学生都带着自己的读书感想和笔记，跃跃欲试地等待发言机会，弗里曼教授的角色就是引导学生讨论的方向并对学生发言进行点评。在讨论课中能够显著地感受到，这里没有权威，老师与学生一样都是参与讨

图 2　戴维美国革命图书馆

论的主体，学生可以大胆地质疑书中的观点和分析逻辑，他们内部之间也经常出现“头脑风暴式”的论辩。老师会对每个学生的发言做出评论，并对不甚赞同之处提出自己的理解与看法。在讨论过程中，无人肯定教授所言“皆为真理”，且他们的发言始终表露了从容与自信，在互动和争辩中，不同的思考和观点不断碰撞。讨论也突破了阅读材料本身的桎梏，被置于整个学术史演进的脉络之中。这种讨论让我感到十分震撼，不仅加深了我对阅读材料的理解，还拓宽了我的思考边界，促进了对我自身研究的思考。

此外，弗里曼教授和她的学生还共同创办了耶鲁美国早期史工作坊（YEAH），不定期地邀请其他院校的博士生分享最新的研究成果。弗里曼教授热情地邀请我加入，并允许我参与讨论。同一研究领域的内部交流，不仅使我看到了史学研究的多种可能性，也让我结识了许多优秀的年轻史学研究者，促进了学术共同体内部的交流。我的研究领域主要集中在美国革命时期，许多重要的史料收录在新泽西州的戴维美国革命图书馆中（David Library of American Revolution），加之美国历史学家学会（OAH）年会于 4 月在密苏里州的圣路易斯举行，我十分渴望前往。在向弗里曼教授表明我的意愿后，她积极地为我联系戴维图书馆的馆长，为我争取减免访问费用的资格，推荐我前往进行短期的学术研究。金老师在得知我要去旁听 OAH 年会的消息后，也积极地和弗里曼教授、东亚历史系进行沟通，希望能够帮助我争取一定的补助。让我尤为感动的是，金老师提出由她支付一部分我的参会费用，虽然这一提议被我婉拒，但是金老师的这一无私之举让我永生难忘。可以说，没有金老师和弗里曼教授的帮助，我的学术研究和参会计划不会进行得如此顺利。

在学术研究上的收获之外，我的另一个重要收获是结识了许多优秀的人。在耶鲁，你可以结识来自不同国家、不同文化背景的学生，和他们的交流可以让你以一种“观察者”的姿态，透过他们的叙述了解不同文化间的差异，实现不同思想间的碰撞。在这半年的学习生活中，我被人们问到最多的问题就是，作为一个中国学生为何对美国历史感兴趣，并以此作为研究方向。在我看来，“他山之石，可以攻玉”，文化背景的差异既能够为历史研究

图3　作者与戴维美国革命图书馆馆长梅格女士合影

提供不同的思考视角和现实关怀，以此丰富历史研究的面相，拓展反思历史的深度；也可以让来自不同文化背景的人立足自己的思维逻辑和文化视角“重构”美国历史，通过历史的“透镜”来反观自身。对于美国早期史研究而言，它不是“铁板一块”，而是充满了偶然性与复杂性，在这种复杂的历史语境之中，发现这段历史之中所蕴含的有趣课题，能够不断激发历史研究者的兴趣和欲望。我想这是我学习美国历史的主要缘由。在耶鲁之行中，很多人都对我产生了积极的影响，除了史先生、金老师以及弗里曼教授外，美国早期史的耶鲁研究生们、耶鲁图书馆的馆员、戴维图书馆的馆长和馆员、OAH 年会上的一些学者都热心地为我提供各种帮助，启发我的思考。他们中的许多人对我的研究内容表现出了浓厚的兴趣，并对我予以了莫大的鼓励。他们对中国历史与文化的好奇也让我提升了对历史研究的旨趣，让我学会用历史主义的思维来观察和思考过去、现在和未来。

记得在五月份，史先生和金老师邀请我和思宇到他们的家中作客，史先生兴致勃勃地带我们参观了他的家和“后花园”，像个孩子一样给我们介绍他和金老师种植的花花草草。在花园的凉亭中，我们一边品尝着金老师亲手做的美食，一边像亲密的朋友一般聊聊近况。透过史先生和金老师的言谈举止，能够最真切地体会到他们对生活的热爱和独有的兴趣。他们既可以在学术上取得令人艳羡的成绩，也可以把自己的人生活得“有滋有味”；他们不仅是学术和生活中的模范夫妻，也是我等后辈学习和效仿的榜样。学术教学上的严谨认真和博宏专精、做人品格上的善良无私和宽厚谦和、日常生活中的淡泊达观和宁静质直，凡此种种，都值得我在今后的人生中细细品味和学习。

如果要对我这半年的耶鲁生活做一个总结的话，它既是一次学术研究交流层面的“掘金之旅”，也是不同文化思想之间的“碰撞之旅”，此外，它还是对我今后人生影响至深的“感恩之旅”。首先，感谢史先生和金老师对北大—耶鲁项目的支持和帮助，感谢北京大学牛大勇老师的辛劳付出，是你们的努力让我们这些求知若渴的北大学子有机会来到耶鲁大学这一学术“圣地”，使之成为我们人生经历中浓墨重彩的一笔；其次，我要感谢我的学术导师弗里曼教授、戴维图书馆的馆长梅格女士（Meg McSweeney）以及诸多为我学术研究提供帮助的人们，是你们的帮助和鼓励陪我度过这一段值得铭记的时光；我还要感谢思宇，感谢你对我的包容和照顾，与你在美国东北部和南部的游玩经历是我最为幸福和快乐的记忆。感谢 Flora 对我生活上的关心和帮助，相信你的学术生涯一定会大放异彩。

耶鲁访学随感

| **马思宇** | 历史学博士，2015 年北大—耶鲁博士研究生交流项目参与者，现任职于南开大学历史学院

回想起去耶鲁交流学习的时光，我脑中浮现的是一张张亲切友善的学人面孔。我入学以来，常闻师兄师姐提及北大—耶鲁交流项目之名。耶鲁大学历史悠久，教育水平高，教育资源丰富，自不必说。牛大勇老师与史景迁先生、金安平老师以学人纽带推动学术项目的故事，更被传为佳话。作为学术后辈的我，仰慕史先生的史学成就，每读其著作，都叹其文字晓畅，描摹传神。犹记史先生来北大做讲座时，众多学生慕名而来，原定教室爆满，主办方只能换到楼下最大阶梯教室，仍觉人满为患，连讲台上都坐满学生。挤在教室过道里的我，想到能有机会向史先生请教，对这个交流项目便多了一分向往。

有幸入选项目后，我得到了牛大勇老师的悉心指导。2015 年初，我和历史学系师弟张慕智一同飞往美国，抵达耶鲁大学所在

地纽黑文。纽黑文城市不大，有同学戏称此地为“纽村”。在我看来，虽有调侃，更多相亲相爱、温暖亲切之感。金老师和史先生为人亲和，早已在耶鲁等待我们到来，并为我们准备枕褥，让我颇为感动。史先生话虽不多，眼神中充满慈爱。他们夫妻感情极佳，正值纽村严寒，史先生衣服单薄，安平老师送我们回宿舍时，嘱其在车中等候，史先生执意随行，仅几分钟路程，仍不放心她一人独行。

几日后，金安平老师邀我二人至家中做客。史先生家宅为普通美式二层民居，后院甚大，约一篮球场大小。室内布置温馨，我反复端详史先生的书桌，脑中闪过很多大作的名字。席间史先生甚少发言，但亲为我做马提尼，分发面包和水，甚是和蔼，令我受宠若惊。史先生谈起自己在北大所做之讲座，唯恐时间短促，言不尽意，来宾未抓住自己讲稿重点。时隔近两年，仍对此念念不忘，可见其真诚对待学术传播的态度。

有一次，史先生专门向我讲述学术研究的体会，在举重若轻之间，谈到很多重要问题，如他曾说研究问题，不宜有先入为主之见，应寻觅史料提供的线索，依其所指。史料似微微招手，唤人前往。他举例说其在研究太平天国时，发现严寒的天气，对于太平天国的发展轨迹有重要影响。这本不在其研究设想之中，但他并未因此而放弃该课题，而是深入其中，获得与以往不同的认知，而这样的认知往往更有意义。

我在安平老师的帮助下，迅速融入耶鲁的学习生活。耶鲁教授皆鸿学大儒，然彬彬有礼，并无架子。我事先与清史专家濮培德教授取得联系。濮培德知识渊博，掌握多门语言，涉猎多种

图1　作者与史先生合影

学科。曾有一次参与他的一个讨论会，他从满语、德语和拉丁语的不同角度切入，探讨同一个概念在不同语境下的比较，语言切换自如，毫无滞碍。他虽主攻清史，然对我所关心的民国史、共和国史亦多有建树。他所带研究生，亦以民国史为多，非有丰厚之储备，不能及此。我二人初次见面，彼便取刚刚出版的 *Asia Inside Out* 送我，并嘱我常与其联系，不必客气。我不时叨扰，与其交流学习感想。在此过程中，我受益良多，但同时我也直言对他有些观点并不赞同。他亦不强迫我同意其观点，而是平心静气与我解释，在这一问题上，彼能以学术研究之客观冷静态度对待，而非恃才骄矜，实属难得。濮培德教授亦随时向我更新最新学术动态，指出我应在何处多下功夫，读何人之书更有帮助，助我适应美国学术氛围。

同时，我选修了濮培德教授的 ShenBao Lab 课程，该课并非传统阅读经典或历史文本之讨论课，而是面向未来，探讨如何利用新技术新方法，如新出数据库、GIS 软件等助益历史研究。以其自身既有学养而言，本可轻松应付，随意摘拾所识，便可轻松敷衍我辈。然彼勇于开拓新知，课前必做认真准备，自谦与我们共同学习。教授坦言，史学新路，探索不易，他亦无成熟想法，期待与我们在思想碰撞中找到灵感。成名教授仍不辍学习，案头常有新书，席间常有新文，让我领略到美国知名学者扎实严谨、锐意进取的优秀学风。

课上有七名学生，主要来自中美法三国，背景各异，然均受濮培德教授课程设置之新颖、知识储备之渊博所吸引，各倾所能，参与讨论。我上课之初，仅能听懂其所讨论，然自忖表达不佳，拙于参与讨论。然在课程深入的过程中，我发现每次发言并未受到嘲笑，大家均报以善意之微笑，并能认真听取我之意见。我受此鼓励，胆气渐足，渐有得心应手之感。濮培德教授亦赞我无论课堂讨论还是学术报告，均具学术价值，显示出我在学术储备、思辨能力和语言表达上的出色。我对 Trans-national History，Digital Humanities，环境史的进一步了解，皆受益于该课。我努力将所学新知运用到研究之中，用英文写作关于上海济安会的专题论文，得到濮培德教授的悉心提点。此文虽甚浅陋，然我自忖在此过程中，提升英文写作能力，熟悉英文写作规范，不失为在美学习一小结。

我还选修了濮培德教授与 Valerie Hansen 合开的 China：Present and Past。该课强调研究历史应关怀当下，探讨如何通过理解历史之延续性，来理解现实问题。课程涉及了环境、家庭、边疆等问题。以长视距视角理解当代，同时加入以境外旁观第三者的问题意识，常令我感到“横看成岭侧成峰，远近高低各不同，不识庐山真面目，只缘身在此山中”。然而，也应看到，由于美国老师长时期浸淫在进步主义的话语之中，对近代中国的某些历史活动相当隔膜，因而有部分问题不乏误读。Valerie 活力无限，古道热肠，曾邀我共进午餐，对我生活十分关心，学术上亦有提点。耶鲁鼓励跨学科跨领域的学术互动，我根据自己的兴趣，旁听了日本史和政治社会学的系列课程，均从不同视角给我以启发。例如，在殖民秩序的多维双向考察一课中发现，对于殖民者而言，他们必须不断制造差异，以维护自身地位，同时要不断制造认同，创造一种殖民地通过学习，能够追赶西方文明的认同和想象。对于民族主义者而言，一方面他们质疑和抨击殖民者的等级秩序和社会差异，另一方面，则有意或无意认同追赶西方文明的想象。

耶鲁历史系无愧于世界排名第一之历史系，学术活动之丰富令人眼花缭乱。我每周至少可以参加一场学术讲座，内容涉及东亚近代史、中国当代史、美国革命史、战争史、中东近代史、环境史、妇女史，既有本校老师之最新研究，也有其他学校访问学者的力作。同时，耶鲁的学生交流也很广泛，我曾参与到战争史研究工作坊之中，该工作坊既有老师，也有学生，大家平等交流，并无学生因等级森严而噤若寒蝉，不敢发表意见，相反学生一方面负责组织学术活动，锻炼了组织能力，另一方面在与老师切磋过程中，逐步适应了未来学术研究的激烈氛围。

耶鲁图书馆建筑蔚为壮观，大厅庄严堂皇，宛若教堂，让人心生敬畏。我不禁想到读书圣殿，料应是此番景象。耶鲁馆藏之丰富，亦超乎想象。最近国内新出学术著作，常有所见。于我个人而言，耶鲁图书馆的开架阅览，实大有助于研究。一方面，通过对某一领域图书的集中展示，可以提示研究者相关研究的既有状况和最新进展。另一方面，很多好书都是我在随意翻检时所得，这是网络检索无法比拟的。回想国内图书馆，常常号称几十万藏书，却琵琶遮面，山门紧锁，书山宝藏无从得知。究竟应以管理姿态还是服务姿态面对读者，此为国内图书馆所宜深省。

我常在耶鲁图书馆地下的微缩胶片阅览室收集档案资料。该室负责人 Kevin 对我等“霸占”该室之举从未抱怨，反尽心帮助，一次帮我翻找图书，竟横卧地板上检索文件柜。头发花白之老人，肯为一无名之辈如此费心，至今想来仍有感动。与此同时，我还收集了耶鲁神学院所藏的近代相关档案，馆藏之丰富，史料之多样化，亦所罕见。我还曾专门赴哥伦比亚大学收集近代名人档案，深感档案收藏数量之大，涉及问题之重要，国内很多机构都无法与之匹敌。

美国亚洲研究年会由美国亚洲研究学会（AAS）发起，每年召开一次年会。这年在芝加哥召开，会期四天，主要包括小组主题报告、圆桌会议、工作坊等部分，其间全球较大出版社派出工作人员，在规定区域，展示销售各种书籍。主题报告单元由教授或研究生自由发起，援引研究同好组成一个单元，另有一名主持人，一名评论人，共计五至六人。同时段一般有十余场小组主题报告同时进行，听众依兴趣选择会场，一场观众在几十至几百人不等。我个人总结会议主要内容有三项：一为学术切磋，探讨新知；一为学人交流，拓展人脉；一为新人展示，试水职场。

AAS是美国区域研究的一个组成部分，关注中、日、韩、印等区域内部和区域间的人文和社会科学领域，自有优劣：跨区域、跨时段、跨学科的对话开阔眼界，相互裨益是其长，受美国学界其他区域研究范式影响严重，部分研究不自觉以美为参照，浮光掠影（美国人亦尝自省，但此点很难完全避免），是其短。

我们回国后，仍与安平老师保持密切联系。我们几个曾参与交流项目的同学特意为安平老师荣休仪式录一视频，送去祝福。金老师对我们的关照，成为北大学子的感情纽带，我们几人感情也甚是融洽，时有活动。每次活动上，都会念及史先生金老师的照拂。金老师曾来清华作讲座，携二位友人同行，我与慕智陪几位赴长城和野鸭湖公园游玩。金老师不但对野游兴致盎然，而且体力极佳，上山下谷，毫不费力。老师交游极广，桃李不言下成蹊，多位受惠于她的学者齐聚一堂，为一时盛事。

荀子《劝学篇》有云：君子居必择乡，游必就士。我在耶鲁学习的这段时光，有幸结识几位学识渊博、待人友善的老师，让我得以一窥堂奥，迅速适应美国学术环境。安平老师和史先生、濮培德老师对我辈之关怀，令我们如沐春风，有如家人般亲切。以后定会常回去看看，不仅仅是因为倾慕那里的学术，也因为想念那里的学人。

耶鲁纪行

| 陈业诗 | 历史学博士，2016年北大—耶鲁博士研究生交流项目参与者，现任职于厦门市行政学院

导演王家卫说他最欣赏的一句话是：见天地，见众生，见自己。而我一直以为，作为平凡而没有什么特别之处的人，却要以治史为业，出发点就必须与芸芸众生有关。要治史，须练达人事，才能识人心，读懂这红尘，真正品出岁月所潜藏的温度和味道。然几近而立之年，依然未能脱出那一丝钝感和不成熟，我却不敢说自己真正了解众生，甚至也未必完全了解自己，但有幸的是，自己却能够在正青春的时刻去见证更广阔的天地。因此，耶鲁之行，于我而言，就是这样的一场意料之外的惊喜。

感谢导师吴小安老师的鼓励和支持，感谢评审老师们对我那段时间努力的肯定，使得本人有幸于乙未年申请通过赴耶鲁交换项目，并于岁末成行。在我校国际合作部的王硕老师、耶鲁东亚系行政事务部 Nicholas Distantis 先生的鼎力相助之下，使得我与

图 1　作者与史先生伉俪合影

同窗凌楠能够充分准备好相应的材料、顺利办理了美国签证，于行前安顿好一切。2016 年 1 月 13 日夜，我与凌楠取道中东的卡塔尔，辗转二十六个小时，终于到达了美国。这是我迄今为止，体验过的为时最长的一段旅程，幸有熟悉的同窗相伴，并未觉出旅途的漫长与孤单。

黄昏之前，我们一路从纽约肯尼迪国际机场风风火火来到纽黑文，一切都是如此陌生而新鲜。透过车窗，观察着纽约以外的地区，午后的空中有海鸥漫步，一马平川的海岸与河谷平原绽放着北美温带的树林，而林间错落集聚着一簇簇西式洋房，宁静里夹杂着美国东北部冬日所特有的清冷气息。与我所熟悉的南洋那绵绵小屿和蕉风椰雨相比，与北京特有的古典庄严肃穆与现代化的发展与奔忙相比，我只知道我踏上了不仅仅是一块自己过去从未涉足的土地，而是一个截然不同的世界。作为一个多次前往东南亚进行田野调查的人来说，语言障碍和文化差异均习以为常。对于从未相遇过的人和事，我从未真正恐惧和不安过，即使是探索过程中最茫然、最无助、最胶着的时刻。然而，即便可以直面一切未知，我却依然不能摆脱对新环境的陌生感和熟悉的不确定性，此二者使我克服了因为时差所带来的困意和晕眩感。

没想到一到耶鲁，史老师、金老师以及在耶鲁东亚系就读的中国学生 Flora 师姐对我们的到来不但准备了丰盛的欢迎晚餐，还把床单借给了我们，使得我们在耶鲁的第一晚就睡得格外踏实、温暖。在欢迎晚餐的席间，史老师和金老师对我们的博士学习生活和研究方向十分关切，在得知我研究马来西亚华人史之后，史先生立即回忆起了他在耶鲁图书馆看到过的报刊档案，并推荐我去转转。安平老师更是勉励我们把握住这次机会，体验耶鲁的课堂，接受耶鲁相关领域的学术训练。在安平老师的建议下，我注册旁听了东南亚方向语言人类学方面的两门课程，授课老师是 Joseph Errington 教授。在 Errington 教授的课上我系统了解了语言、文化与政治之间的跨学科研究，并在基于大量课程推荐书目的基础上参与了课程讨论，思考与写作又使我进一步寻找到这些研究与我的研究之间的联系与差异。也是通过对这些课程的参与，我领略了耶鲁人文社科领域研究的广博与深刻，见证了

图2 耶鲁东亚和新春庆祝活动

同学们的认真与睿智，学术之外也体验到了研究者个体的立场与价值观差异，这种差异有时来自于文化，而有时则纯粹属于个人。

课程参与的过程使我意识到自己目前博士学位论文研究的个案从全球视角的历史进程来看，绝非孤例。关于那些困扰着马来西亚国家建构中“国家文化塑造”的官方视角部分及其理论依据，其实际不仅源于殖民地管理经验及其所辖人民的历史体验，殖民时期就开始构建的庞大学术体系更合理化了后殖民时代国家独立的单元路径。后殖民地区要如何消化并发挥自主性与创造性冲破这类历史遗产所带来的局限，正如千人千面，不同地区所向之方案，亦不相同。从欧洲、北美再到非洲，再到我们所在的亚洲，这些研究个案的多样性与复杂性虽使我意识到研究任务之艰巨，但亦使我感受产生了理解之共感。虽然这使我看清了自身渺小、不足与局限，但却同时令我获得了充实之喜悦。

课程研究结束之后，我撰写了自己的研究报告，并找 Errington 教授谈了我目前的研究进展。作为一位印尼方向的语言人类学家，他对我的研究题目很感兴趣，他肯定了这段学习时光中我的努力，但同时也一针见血指出了我的研究所存在的问题。他建议我不仅仅要在西马做实地研究，如有可能，进一步把田野调查的范围扩展到东马。作为前辈，他非常乐于与我分享他在印尼的调研经验，并向我展示了其最近所研究的印尼方言与官方语言的社会政治博弈方面的进展，这些都使我受到了触动与启发。

对于我们的学习进展，金老师甚为关切，她时常会电话联络我与凌楠，询问我们的学习情况，对于我们的收获与困惑，她乐于倾听，也乐于为我们出谋划策。这种温暖的画面，无论何时回想起来，都历历在目：我不会忘记，这是平生第一次在异域迎来传统新年。而史老师和金老师热情邀请我们与其他几位中国同学、东亚系中国研究方向的美国同学一起在他们的家里欢度新年。为了这次欢聚，金老师和她可爱的邻居——来自俄罗斯与波兰的学者夫妇，花费一天时间，为大家精心烹制了一桌子的美味：有中国的饺子，有美式的烤鸡，有俄罗斯甜点……真是中西合璧，集各国之风格。席间自然免不了觥筹交错，众人彼此地介绍与寒暄。三三两两，大家渐渐熟识。厨房里暖黄色的灯光和大家微醺之后欢笑喧哗的声音竟然瞬间让我忘记了自己离家很远这件事情。除了一直在为大家不停忙碌的金老师，安静的史老师也是很可爱的人，他总是默不作声边喝酒边听着我们的讨论，然后语出惊人回应我们。这位在丙申年跨入本命年的长者虽然表情变化不多，但眉眼间却总是带着浅浅的笑意。我还记得他与我们分享了《王氏之死》的写作历程，如果史先生不提，我真的很难想象这本由小人物心路历程描摹历史群像的作品居然多是在机场咖啡馆的喧嚣中创作诞生的。

在耶鲁的时光里，还有另一场惊喜一直让我对二老很感念。我记得那是五月课程结束之后，有一天金老师打电话问我："业诗，你要不要见Jim？他从缅甸回来了。"金老师口中的Jim正是享誉我们东南亚研究的詹姆斯·斯科特（James Scott）教授，他的作品打开了我最初的研究兴趣。我来的这个学期，他刚好奔赴缅甸从事研究，因此并不开设课程。无缘得见《弱者的武器》和《国家的视角》的作者，我本来心有遗憾。没有想到，金老师并没有忘记这件事情，特意安排了斯科特教授与我相见。在仔细阅读了我的研究计划和进展报告之后，斯科特教授进一步介绍了几位同行的研究要我深入阅读，甚至告知我他们的联系方式。之后我们聊起了在马来西亚生活的时光，教授在分享撰写博士学位论文《马来西亚的政治意识形态》时的历程与体验时语重心长地对我说："是的，我很久不研究马来西亚了，你使我又回想起了过去那段研究的时光，感觉好像很遥远。我当时通过答辩的时候，我们学校的老师对我的作品很满意。可慢慢你就会发现，仅仅让你学校的老师满意是不够的，让你们所在的这个学术圈满意是不够的，你得问问你的研究主体——那些当地的学者，那些当地不同的普通人，问问他们读了你的书以后有什么感觉，那是不是他们真真切切的生活。”从那一刻，我知道自己要走的路，还有很远很远。我所能做的，的确有限，但却未必不可能充满着各种不同的重新发现与解读。这也是斯科特教授对我的启迪。

除却要感谢老师们，我还要大力感谢图书馆东南亚馆藏部的主任 Rich Richie 先生的帮助，他的热心与专业使我能够在最短的时间内快速熟悉我想要获得的各种材料。耶鲁图书馆的大厅一直给人一种庄严的学术殿堂感，而最让我喜欢的却是常常空无一人、但却满满当当陈列有序的开架藏书房，虽然为了研究者的便利，图书馆设置了网上预约自提的服务，但是亲上这一层层藏书的阁楼，不经意的一瞥也能让你有意外的收获。

除却教室和图书馆，宿舍数我最常待的地方，而我们这层楼有很多有意思的人。我们这个单元有三个中国人，其中两位是攻读生物学的友善师妹。从事中西语言哲学比较研究的 Flora 师姐也与我所居同层，那时适逢她博士第七年，毕业在即，已然有了老师的样子。我们的研究多少有些交集，每一次大家见面，免不了讨论，对于我所不知道的部分，她很耐心，并且给的解释总是凝练而精准，甚至有时还会附上后续深入阅读的推荐。与严谨内敛的 Flora 师姐不同，我隔壁的黑人师姐比较随性，晚饭后常常能听到她澎湃的歌声，而每天早上总是会跟我打招呼，这些时候我都能感觉到她骨子里那股奔放热烈。大家深入交谈之后才知道，原来她研究的是现代神学，晚上八九点前她有时会练习给大家布道的歌曲。学期结束，她搬去了另一个区的宿舍，临走前也不忘给我一个大大的拥抱，来一个欢乐的道别。而在她搬走一个礼拜时间，我竟然对隔壁的爽朗笑声和歌声有些许怀念。除了这两位师姐，我们这个单元还居住着一位从加州来的白人师妹Anne，她是我在自己居住的这层楼所认识的第三个人。由于宿舍之外，我们发现彼此常常在同样的教学楼、院系碰见，大家便很快熟稔起来，成了朋友。在日常交谈间，我也渐渐了解到了她进入耶鲁的成长历程，她告诉我她的中文是本科时候前往中国台湾地区交流时开始学习的，本科毕业之后她又自愿奔赴金门，为教会工作了一段时间。在与当地人的接触过程中不仅中文变得更加流利，她甚至还学会了闽南方言。离开金门以后，她又花费了很长时间周游了中国大陆以及周边的东南亚国家。有趣的是，学习之外的时光，我们时而游历纽黑文的知名景点，时而发现一些不起眼但却有年代感的商店，时而会互相品尝各自烹饪的、带有彼此文化印记的美食，我们无话不谈，却从未想起来用中文进行交谈。直到项目结束，我的双亲赴美，来到校园看望我，她也与我的父母见了面，当时她一口流利而地道的中文才使我着实惊艳了一番。

当然，此番耶鲁之行，除了结交新朋友之外，也使我有缘得见在美交流和学习的本校同学、许久未曾联络的朋友。当中有一位在华盛顿工作的美国朋友Kate。Kate毕业于美国大学，本科期间曾经来我校交换一年。我们2008年在燕园绿色生命协会的活动中相识，不知不觉大家成了伙伴。在北京的时候，她积极邀请我们这些中国朋友一道体验美国的万圣节和圣诞节，并且乐于在中国四处游历，体验各地的风土人情。Kate的父亲是一位成功的商人，也是一位越战老兵，来到中国看望女儿，也不忘对我们展示他腿上遗留的斑驳弹痕，向我们讲述战争是多么愚蠢。自2009年一别，我从未想过我们还会再次相见。大学毕业之后，她又在广州工作五年，我们却未能在中国重逢。在社交媒体上看到我来到了美国，她很快地联络了我。与大多和我一样在校就读的博士不同，职场的历练早已洗去她稚嫩跳脱的部分，让她整个人的内外气质都透着一股女强人的干练。几日的相处，她让我见识到了一个美国上班族的日常生活和自我管理。回忆我们共同的经历，我们仿佛回到了从前，而不同的专业成长经历、文化与个人价值观差异又使得我们对一些特定问题的讨论只能点到为止。大家在表达各自的立场后，彼此都有意识地谨慎中止并绕开那些会让我们彼此可能感到不适的话题。即便如此，她依然努力向我展现了她的好客，领着我在华盛顿特区上上下下地转了两天。很感动的一点是，她知道我是研究者，就首先带我前往国会图书馆参观并注册。即使在我回到耶鲁之后，她也依然会时常关切我在美国的生活。事后，我和一位在美国念博士的本科同学在纽约见面聊起这位朋友，同学认为有这样一位即使大家存在根本观念分歧却依然继续保持联络并且释放善意的朋友，实属难得。天南地北，大家相隔一个太平洋，相遇都是珍贵，更不要说我们以不同的面貌重逢。而这种重逢又让我们再次思考并懂得了包容的意义。真不知道下次我们会不会重逢，而那时候的我们是什么样的，又会在哪里。

是的，耶鲁的时光只有匆匆半年，一百八十余天，其在生命过程中的定位尚难定论。人的成长，或许需要很长时间，或许只需要一瞬间。这段时光却使我更深切明白了一件事情，就是自己所以能很快在新环境里快速适应，都要得益于自己很多时候很幸运能够在异乡土地上，与最有智慧的长者、前辈和同龄人相遇，是他们的真诚和温暖，使我在继续成长和前行的过程中，能多一分勇气，多一分求索，多一分信念，多一分笃定。

回忆我的耶鲁访问学习时光

| 蒋凌楠 | 历史学博士，2016 年北大—耶鲁博士研究生交流项目参与者，现任职于上海社会科学院历史研究所

参与耶鲁交流项目游学至今已过五年，才发现当时不曾写过一篇总结报告。这个项目与其他基金资助者都不同，自由、多元，且因为史先生和金老师的关照而充满了人情味。这也是牛老师提议出一本纪念文集使群贤响应的原因吧。我是在项目结束前一年参与的，属于小字辈，所以安平老师常称呼我们这几年的学生为“小朋友”，而我心里待史先生和金老师既是先生师长，又像祖父辈亲人一样的感觉。听闻史先生仙逝，心里自然难过，往事也一幕幕浮现。

我的博士研究生学习是一段修行，耶鲁之行是那五年的转折。博士生入学第一年时，史先生曾应邀来北大讲学，盛况空前。但我当时只有高山仰止，正全心享受着北大的读书生活。后来经历了一些伤病，我的心境突变，好不容易完成中期考核和开

题报告后，就抱着尝试的心态申请了北大—耶鲁的交流项目。因为博士论文任务重而我的学养和时间都有限，老师颇担心我游学后更加散漫、耽误学业。但我当时心绪郁结，老师可能有所察觉，后来也答应我出国。这一场耶鲁游学之旅，于我而言，是意外降至的。

2016年1月13日傍晚，我和陈业诗同学一起到达了耶鲁大学。史先生、安平老师及博士生Flora迎接我们共进晚餐。经过二十多小时的旅途，我俩明显劳顿、窘困。但没想到史先生和安平老师如此平易近人。没有我想象中的学术答辩式谈话，我们得到很多安慰和鼓励。当时，我只有一个关于博士选题的大致想法，是关于“阶级”概念在中国的传入与展开，而两位老师给我的建议是，打开对于国际社会主义发展史的视野。

我印象很深，当晚吃的是当地特色意式比萨。纽黑文的开发史就从欧洲新移民来到这个新港开始。这家比萨店是两位老师迎接北大交流生的常规餐厅。业诗和我各自都喝了一大杯扎啤。史先生说，我俩是第一对和他们初见就一起喝酒的中国女生。大概因为业诗和我性格里都有一点豪爽劲儿吧，后来发现史先生夫妇善饮且好客，聚会自然愉快。安平老师还帮我们安排好了很多生活细节。当晚，我抱着安平老师送来的枕头被褥，回到古典风格的研究生楼，来不及激动，累极而眠。

距开学只有几天时间，我很快适应了基本的生活。纽黑文的冬天是冷的，风雪天气也和我家乡辽宁很像。大概同纬度气候也会造成相似的基础生活习惯吧，我也很适应西式饮食。后来听安平老师说，她曾带史先生回中国东北祖籍故地，史先生也很喜欢东北特色的蘸酱菜与肉食。那时我总是胃口好，光是提起学校的大食堂就可以让我振奋。犹如一提到霍格沃茨，一定会想到的礼堂场景。食堂提供餐食，但仅工作日限时开放。我不得不学会了下厨，顺便养成了健身习惯。

耶鲁的体育馆 Payne-Whitney Gymnasium 是全世界最好的体育馆之一，就在研究生楼住宿后面。我几乎每天都去健身房或游泳池打卡。除了日常训练泳池，还有一处国际标准游泳池兼跳水台 Kiphuth Exhibition Pool，据说建于 20 世纪三十年代，四周有两千余观众席，水深 15 米。在中间泳道，有置身江海、中流击水的感觉。其他的场馆如篮球馆、壁球中心，我和朋友们也去过几次。

北大所提供的优越设施，我也一样津津乐道，只是耶鲁的风格很不同。耶鲁校园满是哥特式建筑、融入自然的墓园、一流的美术馆与剧场，以及漫山遍野的高低绿地，身处其间，遇见人文意义上的灵感，似乎不是难事。小城里没有大都市的喧嚣，却有多元的社区，又因为耶鲁大学的存在，把典雅与狂野的气息结合在一起。起初这令我很迷惑，熟悉以后更多理解了文化上“碰撞”的社会意义。

耶鲁的图书馆，是另一个令我大开眼界的地方。斯特林纪念图书馆的建筑造型已称经典，内里的环境典雅且舒适。每当心情不好时，最能治愈我的是午后窝在 Bass 馆的沙发上，一边晒太阳一边看书。位于塔上的总书库可以自由出入找书，无条件预约。坐在塔尖上的小座位看书，偶尔俯瞰一眼街道，真有一种修道院般的苦读体验。图书馆的各种阅览室，包括档案阅览室，开放度都极高，环境和取阅方法看起来是传统式的，而读者体验却很好。

专业图书馆员 Meng 先生就我的选题史料问题，详细给予了解答，并推荐给我美国主要中国研究机构资料情况讲座。Divinity 馆的 Smalley 女士，也详细介绍了与我选题相关的馆藏传教士档案。想起神学院图书馆远在高地上，途经美丽校园风景与好友沈安妮的住处。而法学院分馆则紧邻我们研究生楼，因为慕名参观者太多，院门口专设保安。神秘的法学院二楼图书馆是个比较密集的阅览室，被藏书环绕的座位间鲜有虚席。

根据安平老师的推荐，我去旁听了蒂莫西·施耐德（Timo-

图 1　作者于斯特林纪念图书馆前留影

thy Snyder）教授的东欧史课程。他是知名学者，而且这是他主讲的本科生课程，听众挤满了大阶梯教室。我并不熟悉东欧史，可还是坚持听了下去，只是后来没有时间去阅读材料帮助理解。

旁听中国史的课程则容易更多，因为内容熟悉。何若书老师慨然应允我去旁听，而且在期末百忙中给我的研究计划也提了详细意见。何老师研究共和国史，有基于学术的历史语境，而我则立足于生活经验的理解。但很明显，中国现代史课程的听众对中国语境并不了解，学生的反应常常跟我们不在一个频道上。如党史与共和国史上很多术语很难以准确翻译，“群众路线”惯例译为“the Mass Line”，于是有学生提问“Where is the line?”翻译当然是一门学问，但每次想到这里，我想更多的是，有些视角本国人很难想到。做本国史研究，一面应保持距离与反思，另一面非得经常“后视”“去熟悉化”不可。

也不能因此以为美国学生对中国知之甚少。耶鲁培养学生以领导者为目标，在当今世界格局下，理解中国历史与现状是美国精英的必修课。中国近代史本科生课很受欢迎，我也经常遇到去过中国游历的美国学生。

我原以为年轻一代美国学者似乎更擅长后现代阐释，但在耶鲁的研讨课上，何伟亚的专著遭到了很大质疑，美国学生对其批评甚至过于国内学人。区域社会史、政治史的题目依然受到重视。在此基础上，跨区域的研究视角更多受到鼓励。东亚研究项目普遍要求研究生修两门外语（非母语、非英语），有志学术深造的美国学生也会专门训练文言文阅读。语言学习是累进加速的，掌握四五门语言以后就会很快学会更多语言，并不断拓展自己的研究“疆域”，就像濮德培（Peter C. Perdue）教授那样。

我在耶鲁的专业学习，受教最多的是濮教授。他继史景迁先生荣休后接任了中国史研究首席。濮教授的研讨班课，聚集了中国研究方向的十多个学生，在西方大学可算是较大的研讨会了。虽然学生讨论为主，他还是经常在课堂上信手拈来，串讲起中国传统至现代的社会经济制度。他的阅读书单覆盖了中国近世史的主要西方论著，而且每年会添加新书。与国内导师的书单相比，更多涉及了明清史、社会史、环境史、特别是边疆史的内容，这都是我涉猎较少的。

但是，每周五六本书的阅读量，对我很有挑战。我一边熟悉对应的学术术语，一边思考相应问题，进展相当缓慢。虽然花费了最多时间在阅读，也不敢称徜徉书海，就是因为一直在适应这种“锱铢必较”的阅读阶段。我也想过，如果仅为了在课堂有言可发，有更“高效”的阅读法，但我不为修学分或给别人留下深刻印象，那跟随内心去读去想就好了。

濮教授被归为“新清史”研究者之一，他继承了西方汉学家对中亚地区的社会历史研究传统，精通主要的中亚与东亚、东南亚地区语言，是国际学界擅长中西交通史和跨文化研究的少数学者之一。我之前了解一些新清史的讨论，濮教授与研究“满洲文化认同”的欧立德等学者明显不同，他对于边疆史的关注纯粹出于赤诚的学者之心，除了社会政治史，还多致力于经济史、环境史的实证研究。见到他本人，更加证实了我的判断。

濮教授在学术上极其严肃，为人却纯真极了。他每天早上会戴着帽子慢跑，在那些漫山遍野的坡地中间。他总是谦和有礼，有时甚至是腼腆，他的学生亲切称他为 Peter。我至今后悔当时执守于访问学生的身份，没有更多与他深入交流。他对我总是春风般教导，引导我注意到博士学位论文题目中社会史的延展方向，使我坚定学习多种外语的重要性与跨文化研究的学术前景。濮教授另开设了一门社会学方法与社会史研究的课程，选课学生较少，论题更为集中，他也会谆谆教导一些论文写作中的要点。

耶鲁的学术活动也很多，我听过傅高义（Ezra F. Vogel）在东亚研究会的演讲，多谈及当今国际关系，不想老人家 2020 年故去了。濮教授所办的工作坊常与社会史相关，而且越来越多的

图 2　学期结束后 BBQ 活动合影

选题是关于共和国史。我还旁听了历史系青年应聘者的学术演讲，多是讲述他们自己的博士学位论文，这让我有机会接触了更多海外年轻学者。

在美国学习期间，我如此幸运，认识了好几位有趣的学霸朋友。东亚研究中心的博士生 Flora 受安平老师之托，特别关照我们，我称她为“女神姐姐”。我们经常共进晚餐，讨论学术与生活。她曾在日本学习，印度支教，阅历丰富，洞察世事，对生活充满包容，对学术雄心广阔。研讨班上认识的孙蔚琼，极聪明又很温暖，常带我见识各种活动。我们曾利用春假，跟随耶鲁中国留学生会遍访美东的樱花季。同时访学的北大英文系博士生沈安妮，后来成为我的挚友。还有怡文师姐、薛雍乐、方舟、安博、Mark Baker 等很多朋友，都曾给予我学术上、生活上的各种帮助。他们都才华横溢，又各有各的故事，走在追求理想的道路上。我以前读近代以来中日知识分子的材料，总觉得心胸再豁达之人也拗不过压抑的时代气象，世风如此，何来广大无边之气魄？这些朋友让我看到，理性与敏感不能遮蔽的是，眼界与心界，可以无限。

这些朋友大部分是在史先生与安平老师家里结识的。记得我们刚到不久，即逢春节，安平老师很贴心地邀请我们几位中国留学生和几位老友一起去家里聚会，度过除夕。大家一起动手包饺子，加上安平老师准备的西式自助餐，真是一种中西合璧的体验。史先生是一位典型的绅士，在家里表现出非常可亲近的一面，话题也是从最新电影到美国大选，包罗万象。

老师家也是极具生活趣味的，后院有一小木制亭，名曰“呦呦亭”。小狗 Pip，我也很喜欢，与它玩球，乐此不疲。安平老师告诉我，Pip 还不到一岁，是贵宾犬和梗犬的结合，因而兼具小卷毛与中型犬身材。

安平老师家里有一张金毓黻老先生的照片相框。我曾考虑选题做东北区域史研究，翻看过静庵先生日记。我家祖籍辽宁辽阳，与金老先生同乡。金老先生也毕业于北京大学，后又任教于北大。我当时多留意民国前三十年的东北地方政治与社会文化，也特别感念于金先生的见闻阅历。

我们世代生活在柳条边内的辽东人，并非旗人，又与关内汉人或是近代“闯关东”的山东人、河北人不同，是有独自的辽东人认同，大体与明代戍边军民有关。金老先生这一代人正好见证了地域认同的消失与中华民族大一统意识的强化。他作为辽东人出关求学，后又转于南北各地的政界、学界与文化界，经历过民国政治的翻云覆雨，参与过东北地方的文化建设，也目睹了日本势力的一步步入侵，见证了中华民族的沉沦与复兴，最后潜心学术研究，留下多部辽金史与史学史的著作。

静庵先生出身书香门第，常怀传统士大夫风骨与家国使命感，所留下的日记风格不同于有些学者的私人生活琐记，而主要是学术札记与对家国世事的感怀。这一点安平老师也一再提及，日记中的金老先生是严谨学者与慈爱父亲的形象。我记得金老先生在抗战时期遭遇社会生活衰败与家中幼儿不幸早夭，痛心疾首，溢于言表。与安平老师交流时，她特别关注了新中国成立后金老先生的经历与心路历程，也是值得探究的。

回想在耶鲁的时光，印象最深的是不眠不休也读不完的阅读书目、似懂非懂的其他专业讲座，纠结于如何课堂发言，如何与人交流。我不擅长交际，新的学术环境给我无限压力，也给了我无尽动力。曾经坐在研究生院角落的房间里，一点点调整安排生活起居，计划学习任务，尽量向外延伸触角。除了查资料与听讲座，我尽量去了解美国社会，去探索附近的街区，去逛纽约市，参加群众狂欢游行，去南部和西部短期旅行。国内的文化研究经常被批评流于空谈，但美国社会确实发展到了多元文化的阶段，有些既是文化问题也是现实问题。随着中国社会急速发展，新引入的研究议题未尝不能提示思考当今中国的问题，只是需要限定范围。

我的见闻增益，心中的局促愈渐化开。曾经，在北大读博的前两年，我陷入了一种困境：迷失在书堆里找不到选题，急需新方向的开拓与积累，对做学问乃至人生观产生动摇，身体状态每况愈下。同龄人都进入了新的人生阶段，而我站在原地，不断寻找意义。在美国的半年时间里，我尝试了放开自己，找回纯心的喜欢，再投入紧张学习，来回反复最大限度地放松—紧绷—适应这个过程。不知不觉间，等我再站在人前时，内心多了许多从容、淡定与坚持。有时梦回“修道院”塔尖，她伫立了三百余年，我匆匆而过，竟瞥见了自我。

Half a Year at Yale: a Lifelong Wellspring of Cherished Memories (Spring 2017)

| **Andrea Donadon（窦安德）** |

2017年北大—耶鲁博士研究生交流项目参与者，北京大学历史学系博士研究生

When thinking about my semester at Yale, I almost inevitably find myself conjuring up a mental image of New Haven, its rich repertory of architectural sights etched in my mind. Perhaps as a result of a nostalgic disposition, I am invariably attracted to what in my native Italy is referred to a city "*a misura d' uomo*", *i. e.* "paced according to the needs of its inhabitants": in other words, an effortlessly sophisticated city in the shape and size of a smallish town, walkable from tip to end in the span of a long stride. I must say that New Haven fitted the bill pretty well.

As I bet many of the contributors to this anthology still do, I too still find myself indulging in nostalgia, musing about the luxuriant tree canopy of the New Haven Green, or the gothic exuberance of Sterling Library. For all that it certainly is too clichéd, I even miss the buzz of the coffee shops dotting the city, along with the whimsically decorated stained-glass windowpanes in the canteen of the Hall of Graduate Studies, tiny details generations of "Yalies" arguably stole a glance at before scattering to the four winds in pursuit of their careers.

I owe the fantastic opportunity of my stay entirely to the existence of the Peking University-Yale's exchange program, of which I was the last recipient (one hopes only for the time being!) together with my colleague Yang Mao. Without the help of Professor Spence and Professor Chin it would only have been a dream of a great college in an imaginary city.

According to a well-established ritual, Professor Chin provided us with quilts, blankets, cutlery and mugs right upon arrival, a heartening welcome to Yale's campus still shrouded in the wintry tranquility.

Even more unexpectedly, a few days after we settled in our dorms, they treated us to dinner at *Modern Apizza*, the local beacon of Italian-American cuisine, which both Yang Mao and I held in low regard, that is until we capitulated before a slice of the signature dish, a masterfully charred white clam pie. In a clumsy attempt to "break ice" with Professor Spence I asked whether he had been able to enjoy any British food throughout decades of scholarly stardom at Yale. We were after all in an Italian restaurant in the middle of New England, so I begged clarification, but what he regaled me with instead is a quite pithy aphorism: British fare is actually very hard to define! Maybe prompted by my self-introduction, Professor Spence recalled the amusing vignette of an obscure Italian publisher who had approached him in Milan forty years before, for a book deal that never fully materialized. Even the great Jonathan D. Spence had to come to terms at least once with a flagrant case of "Italian unreliability"! I almost stopped short of issuing an apology on behalf of my countrymen.

With spring break approaching, we were entertained with a hearty meal at Professor Spence's house in West Haven. Welcomed along with friends and family to Professor Chin's kitchen—a genuine *sanctum sanctorum*-host to legendary dinners, we were given a glimpse of the conviviality that nurtures life at Yale. Unsurprisingly, Professor Spence and Professors Chin's good spirits, classic wit and unsparing care were precious additions to the campus experience, a powerful means of encouragement to blend in and make the most out of our time.

Luckily enough, I had the opportunity to organize my schedule rather freely, I opted to audit a few courses, leaving as much time as possible for individual research. Though not strictly related with my research topic, the classes I took proved to be a very effective introduction to Yale's distinctive style of lecturing. I was especially pleased with the careful planning of reading requirements devised to allow for highly interactive and thought-provoking sessions. I reveled in Prof. Helen Siu's swiping incursions in the intellectual history of Chinese Anthropology. Her classes were a *tour de force* through the complexities of the Skinnerian "regional analysis" of Chinese society, culminating with David Faure's works on lineage and Siu's own vast body of research on South China. I enjoyed Prof. Ralph Thaxton's poignant commentary on the predicaments of Chinese peasants during the Communist Revolution. He kindly shared with me his thoughts on how different mobilization strategies and ideological blueprints shaped Communist and Nationalist approaches to rural politics and the outcomes of their revolutionary activities. Mary Lui's lively introduction to Asian American Studies helped me grasp the nuanced landscape of labor struggles and minority politics in the US. Lastly, I found a particularly congenial scholar in Marc Opper: through his course on Contemporary State-Building in Asia, he introduced me to new perspectives on the study of peasant mobilization, civil war and institution building within insurgent movements. Over cups of punchy Vietnamese coffee, we chatted about Sterling's abundant yet largely underused holdings on Chinese Communist literature, I laughed at my own rookie attempts at archival research in China, and rejoiced at his recent findings on the Malayan Communist Party, emerged while combing the seemingly never-ending bonanza of archival collections US researchers are blessed with.

From the first days of our stay, Professor Chin encouraged my colleague Yang Mao and me to reach out for Yale's famous lecturers and to associate with our fellow researchers as well. A general feeling of friendliness, availability and willingness to share logistic and methodological insights seemed to be a common trait of the local academic community. The campus very layout provided me with a serendipitous mix of study and social life. I sorely miss the time spent in quiet isolation, deep into the Stacks at Sterling, the cloister-like basement at Bass, the hushed canteen where Leroy, sociologist extraordinaire, lectured me on the problems of Afro-American urban communities in the new "Trump Era" . Every trip to Sterling or to the History Department, clad in their gothic splendor, was an invitation to indulge in flaneuring.

The dazzling range of workshops being offered (above all the fantastically named "History Slams" stuck with me the most) gave me the vicarious thrill of scholarship being churned out non-stop by this community, and the desire to find out new trends, tips and suggestions to redirect into my own research.

My main goal was fairly straightforward, namely to collect records of journalists, diplomats, military observers, foreigners from all walks of life involved in encountering the Chinese Communists during the '30s and '40s in order to trace the ebbs and flows of "American opinion" of China and of the CCP.

"China watchers" have always been a very close-knit bunch, arguably even more so in the past. Their personal archives however, are scattered all over the country, bequeathed to a myriad of institutions. From what I could gather scouring through online finding aids, most collections seemed promising enough to warrant further consideration. I saw my task primarily as that of mustering a plurality of voices. To that purpose, I strived to cast a wide net, trying to retain as much as possible of the *minutiae*, the rarities, the bits and pieces necessary to unfold such a rich tapestry of *dramatis personae*. I was especially thrilled at the possibility to delve into the many microhistories of interaction hidden in the nooks and crannies of less-researched correspondences, diaries, reports and visual items.

Given their rich holdings, visits to NARA at College Park and at to the Hoover Institute Library were almost mandatory. Visit to the minor archives however, down the less beaten path and at the risk of finding 'duds', were even more compelling in view of the rarity of the collections. A "guerilla-style" cumulative approach seemed the only choice against the tyranny of time, so I ended up doing just that, building up batches of sources for 'later digestion'.

I tried my luck first on the geographically closer locations, roaming frantically through the relatively compact collections at Tamiment Library, NYPL, Columbia and Harvard, while leaving the major archives for spring break and the few weeks after the end of the program.

Whenever possible, I went by train, a choice which inevitably became a chance to catch a glimpse of the country and its people outside of Yale's comfortable cocoon. Travelling by train also turned out to be the best what to meet history buffs, or at least that is what I gathered after having been given random crush-courses in Southern History by enthusiastic seat neighbors on two separate occasions, on route to Atlanta and DC respectively.

I got the distinct impression that history might indeed be some kind of shared national pastime. But that paled when compared with the atmosphere of uncurbed enthusiasm I encountered at NARA and at Hoover. In the airy main hall at NARA, whose arrangement is not entirely unlike that of a rationalist assembly line, I almost felt engulfed by a tacit *esprit de corps* encompassing everybody, down to the occasional visitor, volunteers and professionals alike. While sifting through China materials, I could not help by noticing the exhilaration of my fellow researchers, an effervescent young lady digging through all things Alaska, a retired gentleman offering guidance on the intricacies of military history, the odd midwestern visitor unearthing his family tree. Hoover Library too was bubbling with infectious energy, the chief librarian handing out extensive finding aids, eager to introduce patrons to their cherished collections.

Visits to archives were not shorn of a note of irony. As June approached, I ventured for a short trip to UMKC only to find myself to be the only guest sifting through Edgar Snow's Papers. I recall the archivist who attended me, a lanky music historian from Chicago, smiling disappointedly when I had to admit I came all the way to Kansas

City, unaware of its role as one of the veritable cradles of jazz.

Positive surprises came too: the Papers of Philip Jaffe at Emory, a maverick fellow traveler and avid collector which I had initially discounted, proved instead a treasure trove of information. Other materials picked from well-trodden collections also proved very useful, especially through close-reading and collation of Chinese and western sources.

Above all, my quick ride through archives and libraries across half the country was an exercise in moderation. Be it a scholar of more discerning eye, or a student of modest means, when blessed with the embarrassment of choice, they both have to refrain from taking too much booty and 'go for the kill'! The utmost necessity to balance hoarding tendencies and analytic skills: that, it seems to me, is what sums up the allure and the terror baked into the very essence of archival research.

I benefit from my stint at Yale to this day: ideally, the boon of materials and knowledge I was exposed to should be universally available, for it is in the undaunted impulse to share and partake of a collective journey that one finds scholarship at its very best.

I relish the memory of the time I spent at Yale immensely, always bearing in mind the kindness Pr. Spence and Pr. Chin showed to me. These puny recollections—or *chicken feathers*, *garlic skins*, as the Chinese would say—are but a small token of the gratitude I owe to them.

此情可待成追忆

——耶鲁访学记

杨　茂　历史学博士，2017 年北大—耶鲁博士研究生交流项目参与者，现为湖北省公务员

2017 年对我来说是人生中难忘的一年，因为我有幸前往耶鲁大学交流学习。伴随着激动与感动，紧张而又充实的半年留学时光犹如白驹过隙，一晃而过。然而，回过头去看，这段记忆却是如此漫长，令人回味无穷。史景迁先生和蔼的目光与微笑，金安平老师无微不至的关心，东欧史专家施耐德教授精彩的演讲，美国内战史课堂的拥挤不堪，Helen Hadley Hall 公寓里的友好辩论，里根总统图书馆馆员们的热情服务，那些人和那些事历历在目，记忆犹新。

2016 年 10 月下旬左右，历史学系网站上张贴北大—耶鲁博士研究生交流项目通知，我抱着试一试的态度与导师牛大勇教授商量是否可以申请。牛老师立即表示支持，并让我认真准备材料，因为这个机会十分难得。经过提交申请材料、专家委员会面

试、耶鲁方面最终审查三轮筛选后，我与意大利留学生窦安德（Andrea）被选上。一些落选同学议论："为什么留学生都能被选上？"我以这话转问牛老师，老师反问："留学生为什么不能被选上？"在牛老师看来，种族、国别、性别、残疾、年龄等等都不能构成歧视人的理由，遴选范围不能仅限于中国学生，留学生也是北大在籍的学生，理应享受与中国学生同等的待遇。在筛选程序上，作为本项目主持人的牛老师也是公平公正的：由于我是候选人，他就自觉回避参加这次委员会的面试选拔，请美国史专业的王立新老师主持面试。因此，那些微词根本站不住脚。

作为一个农村出身的穷学生，出国对于我来说十分遥远，可谓是可望而不可及即。当得知耶鲁接受了我的申请时，我十分兴奋，立即给家里打通电话报告消息。家人都非常高兴，母亲还流下了激动的泪水。对于她来说，自己的儿子能够前往耶鲁访学是莫大的荣耀。母亲要我珍惜这么好的机会，不负老师的一片苦心。我一一应诺。

11月上旬，安平老师给我发来第一封邮件表示祝贺，并且细心交代东亚研究中心的Nick老师尽快为我们办理相关手续。Nick老师办事效率令我吃惊，基本上是当天给他发的邮件当天就能得到回复，而且非常耐心地为我解答问题。不到两个月，我完成了从申请护照到办理签证的所有手续。除了Nick老师的努力，我想这种高效率是离不开安平老师的推动与协调。这从侧面也体现出耶鲁大学的行政机构全力服务于师生的宗旨。

在我出发之前，牛老师郑重地嘱咐我访学三大任务。第一，搜集大批档案资料，不仅是博士学位论文资料，还应包含未来研究生涯的材料。第二，磨炼语言，极大地提高英语听、说、读、写四项技能。为达到此目的，应该避免总是和中国留学生们扎堆儿，应多与美国同学为伍。第三，结交本专业的学者，特别是年轻学者，打造自己的“学术朋友圈”。后来才知道，这不仅是牛老师对我的要求，也是对所有出访学者的期待。这三项任务是他对如何培养博士研究生长期思考的体现。牛老师曾指出，培养研究生的首要目标是学会搞研究。那么，应该怎么培养研究能力呢？对于历史学博士生来说，就是要学会“上穷碧落下黄泉，动手动脚找材料”（傅斯年语），会“读书要读间”地看材料，会与同行交流。随着出国机会的增多，很多人出国访学的目的并不明确，虚度光阴的大有人在。正是在牛老师的三大任务指引下，我才充分地利用了这六个月的时间，不枉耶鲁之行。

我与窦安德于 1 月 9 日凌晨飞往纽约，到达肯尼迪机场后，耶鲁大学东亚研究中心的工作人员已准备好了专车接我们前往纽黑文。纽黑文刚降大雪，一片白茫茫之中，几幢巴洛克式建筑在灯光的照耀下高高耸立。原本当天晚上，安平老师与史先生就邀请我们去他们家吃晚餐。但是，由于飞机延误，很晚才到达纽黑文，为了让我们好好休息，安平老师将晚餐改到第二天晚上。第二天下午，史先生与安平老师亲自驾车来到我们住所，带我们前往纽黑文最负盛名的比萨店吃晚餐。晚餐间，安平老师非常热情地照顾我们吃比萨，询问我们在学习和生活上有什么困难需要帮助。史先生虽然年事已高，但是精神矍铄，谈吐思路清晰，偶尔还不忘开个玩笑，丝毫没有我所预想的距离感，像一个慈祥的老爷爷，让我忘记了所有的紧张和尴尬。整个晚餐过程十分和谐

图1　在史先生家与史先生留影

融洽，我想这也是二位老师有意为之，照顾我们刚到一个陌生的文化环境中难免的拘束与不安。

初到耶鲁，一切都很陌生，生活也有很多不便。还没来得及发愁怎么去解决这些问题，安平老师已经为我们考虑好了一切。她亲自给我送来了生活用品，包括床单、被子、枕头、餐具等，还开车带我们去超市购买其他用品，甚至给我们买一些零食。这些都让我有些受宠若惊，因为在我看来，这些都是生活上的小事，她完全可以不管，让我们自己去解决。更让我感动的是两位老师邀请我去他们家过春节。我是1月9日到达纽黑文的，一个多星期后就是春节。这个中国传统节日在美国已经完全没有了节日的氛围，一切犹如往常。虽然理解中美风俗的差异，但在除夕夜，我心里还是有点不可名状的失落。没想到，安平老师打来电话，邀请我去她们家过初一。这一消息让我既感动又紧张。感动的是史先生与安平老师的体贴，紧张的是第一次去史先生家里做客，万一失礼怎么办？结果证明这种紧张完全是多余的。我与窦安德一同打车前往西黑文史先生的府邸。抵达后看见两位老师站在门口迎接，进门后对我们嘘寒问暖，还热情地为我们倒一杯酒，让我仿佛有种回家的感觉。宴会是美式的派对，除我们之外，也邀请了一些华人朋友。安平老师亲自准备了很多中国菜品，其中有一道叫“罗汉斋”，非常美味。宴会期间，史先生与安平老师仔细询问我们的学业情况，并给我们推荐耶鲁精品课程，由此而开始了一场学术评论会。据安平老师讲述，当年史先生与美国内战史专家戴维·布莱特（David Blight）同台讲授太平天国战争史与美国内战史通选课，课堂座无虚席，在耶鲁一时传为佳话。彼时，窗外的雪花越下越大，寒风时而呼啸，时而拍打着枯枝。但这丝毫没有影响两位史学大家引领的热烈讨论的氛围。回想起来，这种情景简直是享受。

除了生活上的关心，史先生与安平老师还在学术问题上给我很多有益的建议。比如，我在耶鲁大学交流期间选什么课程，怎么有效地利用耶鲁大学的图书馆来做研究。得益于二位老师的指导，我选了耶鲁大学著名教授蒂莫西·施耐德的“东欧史”以及布莱特教授的“美国内战史”。这两门课程让我亲身体验了美国大学历史系本科生课堂，了解美国大学历史系课程教学的开展过程。令我印象深刻的是课堂设计与课外阅读。课堂设计分为两个部分，一部分是教授讲演，另一部分是课后讨论。教授讲演部分一节课 45 分钟。课后讨论则一般是 1 小时，每个小组大概 15—20 人，由助教主持，学生根据阅读材料和问题自由发言，基本上要求每个人必须发言。课外阅读的内容是教授在每次讲演之前布置的阅读材料，具有两个特点：一是阅读量大；二是与课外讨论部分挂钩，作为课外讨论上发言的依据。一般情况下，对于母语非英语的留学生而言，一学期 2 门课程就足够了。如果超过 2 门，那么就意味着每天必须熬夜和超负荷运转了。但是，坚持下来之后会发现，这对自己知识的增长与语言能力的提高大有裨益。

史先生与安平老师还鼓励我拜访一些名师教授，这也是在耶鲁学习的“特权”。我访问了前美国国务卿舒尔茨的高级助理查尔斯·希尔（Charles Hill）。政府任职结束后，希尔转入学术界，与冷战史专家约翰·加迪斯（John Gaddis）教授在耶鲁合作开设冷战史相关课程。为了让拜访顺利进行，我虽然事先做了充分准备，包括如何提问，如何引导他回忆。然而，百密一疏，在实际采访过程中，我只顾着思考如何进行下一个提问，如何获得更多的有效信息，却忘记了做笔录。幸亏事先准备好了录音设备，才避免让这次采访功亏一篑。我最关心的一个问题是，舒尔茨上台后对其前任黑格的对华政策有什么调整。他的回答让我惊讶。他说两者并没有实质性区别，没有什么政策变化。学界普遍认为，黑格下台后，舒尔茨主导的对华政策开始降低中国的战略地位，重视日本的战略价值。但是，希尔教授却给出了完全相反的解读。这让我感到十分有趣。采访结束后，希尔教授微笑地将我送到门口，还鼓励我博士学位论文获得成功。这次拜访的经历不仅让我接触到里根政府时期对华政策的内部知情者，还让我学会了如何更好地进行口述史研究，对我的博士学位论文写作也具有重要启发意义。

在耶鲁访学期间，我最大的收获就是搜集到了大批珍贵的档案材料。作为中美关系史方向的研究生，掌握第一手档案材料非常重要。经过事先的调查准备，我决定将档案材料搜集范围集中在中美关系解冻以后。即使这样，由于相关档案数目庞大，时间依旧十分紧迫。首先是耶鲁本身的资源。耶鲁大学有大小十几个图书馆，藏书量在全美乃至全世界都是前几位。交流学生与本校生待遇一样，可以同时借阅250本，时限是半年。如果耶鲁没有馆藏，还可以通过借书系统从其他常青藤联盟大学借阅。如果特别着急，可以注明，工作人员会优先帮助解决。一般三天就可以在就近的图书馆取书，特急的话最快一天之内送达。如果搜索遇到困难，只要提交申请，工作人员会帮助搜索并且直接发送PDF版到你的邮箱。总而言之，整个图书馆系统都会全心全力帮助你找到想要阅读的材料。我在一个学期内借阅了将近160本纸质图书，下载了200多个电子图书资料，包含历史、政治、外交、军事等学科。在所有馆藏资源中，我最感兴趣的是《基辛格档案》(第三卷)。这部分档案是由基辛格私人捐赠的，由专门委员会负责审查是否开放。因此，在借阅之前需要提交申请，并且要接受相关工作人员的面试。虽然过程烦琐，但是完全值得，因为很多材料都是首次公开的，包括基辛格的一些手稿和自己保存的部分档案。此外，耶鲁还藏有卡特时期的国务卿万斯（Cyrus Roberts Vance）档案。这些私人档案对于研究中美关系解冻过程具有重要价值。

除耶鲁大学的资源外，我还计划前往其他图书馆和档案馆搜集更多的资料。2 月底，我便按计划在周六与周日去哥伦比亚大学图书馆查阅资料。因为纽黑文有直达纽约市的火车，因此我一般是早上 6 点钟出发，赶在图书馆开门前到达，然后下午闭馆后赶火车回纽黑文。哥伦比亚大学馆藏大量中国近现代历史人物的口述史资料，但最吸引我的是中国学专家鲍大可的档案。鲍大可不仅在学术界闻名，在政府中也十分活跃，自尼克松政府开始多次前往国会就中美关系问题作证，对美国对华政策产生过重要影响。我在哥伦比亚大学期间，收集了鲍大可有关中国学的课堂教学、学术研究与活动、论文与研究报告手稿以及他与其他专家学者的通信和他与政府部门的合作项目记录。这些资料对于深入了解鲍大可的学术思想，探究美国中国学家对政府政策如何产生影响具有重要价值。随后，我又前往哈佛大学燕京学社图书馆，收集美国前驻华大使恒安石的私人档案。由于时间仓促，一些资料没来得及拍照，工作人员还热情地替我拍完然后发送邮件给我。

进入春假后，我开始有计划地搜集美国政府解密档案。3 月初，我飞往加州西米谷，在里根总统图书馆停留一个月。4 月初，我又从耶鲁出发，先到马里兰美国国家第二档案馆住两周，搜集尼克松、福特和卡特三位总统任内有关部门特别是美国国务院的文件。结束后，我从马里兰前往亚特兰大，在卡特总统图书馆停留两周。此后，我又从亚特兰大飞往得克萨斯州的学院城（College Station）老布什总统图书馆停留一周。行程结束之后，我感觉来美任务已完成一大半，顿时有一种如释重负的感觉。5月中旬，我前往最后一站——密歇根州安娜堡福特总统图书馆待了一周。将近三个月的时间，我几乎天天泡在档案馆中，搜集中美关系相关档案材料，拍摄了七万余页解密文件。这些政府档案资料大多数是没有公开出版的，但记录了自尼克松到里根时期美国政府处理与中国关系的决策轨迹，对于研究解冻后的中美关系史来说必不可少。

在搜集档案过程中，里根总统图书馆馆员给我留下的印象最为深刻。由于里根时期档案刚开始解密，因此前来查档的学者并不多。当得知我将要待一个月时，馆员们非常惊讶。为了让我不枉此行，馆员 Gina 每天都提前为我准备好档案，并送到我经常坐的桌子旁边。研究助理 Pinkney 每天总是来问我需要什么帮助，帮我搜索已经解密的资料，甚至给我看还未正式解密的档案。一个月下来，我几乎拍下了所有已经解密的有关中国的材料。我想这离不开馆员们热情周到的帮助。此外，我也深深感叹美国档案馆管理制度的开明性。不论你是美国人还是外国人，只要出示带照片的身份证件，接受短期培训，就可以直接查阅档案。不仅不收取任何费用，而且还提供免费的研究助理，甚至还有定量免费打印服务。所有档案馆的宗旨是开放而不是保密。这种制度可以帮助学者和公众尽量客观和科学地总结政府在外交上的得失与经验，创造新的知识，对本国外交决策进行学术研判和省思，以利于政策的改进。相反，封闭性的制度虽然可以暂时遮丑，但是同时也丧失了吸取历史教训的机会，结果只能是故步自封，盲人瞎马。

现在回想起来，虽然路途遥远，饮食住宿艰苦，但是看到自己想要的资料全部都纳入囊中时，那种喜悦是难以形容的。

在学期快结束的时候，牛老师到耶鲁访问，顺便看望并指导我的学习。史先生和安平老师在家设宴接待，我随从赴会。此时的耶鲁已经步入初夏，西黑文早已换上了绿装，幽静的丛林中不时传来蝉噪。席间，安平老师回忆北大与耶鲁交流项目的历史。当初，安平老师随史先生访问北大，历史学系请史先生举办讲座。牛老师作为主持人在介绍客人时，特意先介绍安平老师和我系老前辈金毓黻先生的关系，并风趣地称“这次我们非常欢迎安平老师携夫婿回娘家”。安平老师非常感动，这也成为她积极推动创设北大—耶鲁交流项目的一个原因。

如今，在三位先生的共同努力之下，北大耶鲁交流项目已持续长达十四年之久。这背后有多少的辛苦与努力鲜为人知。三位先生并排而坐于“呦呦亭”，我按下了快门，将这一历史时刻永久记录下来。那一刻，我感慨很多。我想真正的大家，应该是像三位先生这样的吧！既有卓越不凡的学问，也有落红的精神。继往开来，为千万个像我一样的后生搭建舞台。而我能做的就是不负先生们的期望，将学问做好，把人做好。现在，我正在依据从美国带回来的大量档案文件做博士论文。每当有新发现的时候，兴奋之余，我总是回想起在耶鲁的美好时光。我想这种记忆是永远无法消逝的，因为史先生与安平老师暖人心扉的关心，更何况还有大量等待解读的档案文件也永远烙着耶鲁的印记。

以其小者而观之，北大—耶鲁的这个交流项目是中美文化教育交流项目的一部分，惠及的是几十个青年学生；以其大者而观之，这个项目突出地体现了中美文化交流的重要意义，指引了两国关系的未来发展方向。中国有句古语叫“百闻不如一见”，从社会关系角度讲，强调的是交流的重要性。中美交往已逾两百多年，但两国对彼此的了解还是太少。就中国而言，这种了解的缺乏给了一些人广阔的杜撰空间，导致人们产生误解与臆断，徒增敌意而缺乏善意的理解。这最终将会伤害两国人民的切身利益。而只有增加相互之间的民间往来和人文交流，客观地认识彼此，才能消除误解与敌意。

以心相交，方能成其久远

——北大—耶鲁博士生交流项目杂忆

| 王立新 |

历时 13 年的北京大学—耶鲁大学博士研究生交流项目是北京大学文科与世界顶尖大学之间持续时间最长的研究生学术合作计划，项目始于 2005 年，止于 2017 年。中美双方的发起者和主持者分别是时任北大历史系主任的牛大勇教授和耶鲁大学东亚研究委员会主席、大名鼎鼎的史景迁教授。我曾在该项目后期多次参与赴耶鲁博士生的遴选工作，记得第一次参与这项工作是在 2010 年 10 月，当时由李剑鸣教授、芝加哥大学毕业的孙有利博士、时在北大历史系任教的 Michael E. Chapman 副教授和我组成面试专家委员会，对十几位申请人进行面试，面试结束后由查普曼博士向耶鲁方面提交一份详细的报告，对每位申请人的情况做出评价，并提出拟推荐的人选。委员会遴选的标准主要是博士论文选题的价值及其与耶鲁师资力量的匹配程度、候选人运用英语进行学术交流的能力。该项目在北大有很高的知名度，每年报名

人数远远超出最后录取人数（2—3 人），竞争十分激烈。项目虽然要求申请人的研究领域应与历史学相关，但实际上除了经济和工商管理等学科外，文科绝大部分院系都有学生申请和入选，对提高北大文科特别是历史系博士生培养水平做出了很大贡献。该项目的发起和运行实际上主要依赖史景迁教授，可以说，没有史景迁教授，就不可能有这一项目，更不可能维持长达 13 年之久。

我最早“邂逅”史景迁是在 20 世纪 90 年代中期，当时我正在撰写博士论文《美国传教士与晚清中国现代化》。大约是在 1994 年的某一天，我在南开大学东门外的八里台书店偶然看到三联书店出版的由曹德骏等人翻译的《改变中国》（*To Change China*：*Western Advisers in* China）中译本，里面涉及伯驾、丁韪良和胡美等多位美国传教士在中国的活动，浏览后如获至宝，马上买了下来。该书自然也就成为我撰写博士论文的重要参考书。有意思的是，该译本把作者译为乔纳森·斯潘塞，而不是后来广为人知的“史景迁”。

1996 年 12 月，我到中国社会科学院近代史所从事博士后研究，在近代史所图书馆看到史景迁的《知识分子与中国革命》（*The Gate of Heavenly Peace*：*The Chinese and Their Revolution*），该译本由张连康翻译，台湾丝路出版社 1994 年出版。当时港台版书籍不仅在书店里买不到，在一些大学图书馆收藏也不多，能在近代史所读到此书，自是喜出望外。当时我正在与北师大的史静寰教授合作撰写《基督教教育与中国知识分子》一书，《知识分子与中国革命》的叙事方式和学术观点令人耳目一新，特别是

图 1　作者于纽黑文留影

对近代中国知识分子命运的描述对我很有启发。台湾这个译本也没有把作者译为“史景迁”，而是“史班斯”，而且省略了主标题“天安门”。后来由于自己的研究转向美国对外关系史，对史景迁著作的关注逐渐少了。

2007 年 9 月至 2008 年 7 月，我以富布赖特访问学者的身份在耶鲁从事研究。仰慕史景迁之大名，发邮件给史景迁，希望能拜见他。记得是 11 月的某一天，史景迁邀我共进午餐，吃饭的地方是在耶鲁校园 Wall Street 和 College Street 交界处的一家意大利餐馆 Naples Pizza Restaurant。我们各要了一个汉堡和一瓶苹果汁。一落座，史景迁说这是他非常喜欢的餐馆（点餐时他与店员打招呼，说明他与餐馆的人很熟，经常来这里），60 年代初他师从芮玛丽（Mary C. Wright）教授在耶鲁学习时就开始来这家餐馆吃饭。

我们谈及北大和耶鲁的博士生交流项目以及他对北大的访问，他说他曾 5 次访问北大，已经是北大历史系的老朋友了，但可惜的是他的普通话说得不好，每次在北大讲座都是由曾到耶鲁来学习的北大学生担任翻译，有点对不住学生。

聊到我在耶鲁的研究计划时，我特意把我正在撰写的文章《在龙的映衬下：对中国的想象与美国国家身份的建构》（该文后来发表在《中国社会科学》2008 年第 3 期）给他看，并说文章引用了他的书。他拿起文章，特别注意注释，指出我引用的一些资料，包括《纽黑文公报》（*New Haven Gazette*）和卫三畏的《中央王国》（*Middle Kingdom*）很珍贵，发现引用《改变中国》的那一条注释后开心地笑了。我跟他说，《改变中国》中的一个观点对我启发很大，即在试图改造中国背后，美国的目的“与其说是帮助中国，不如说是帮助他们自己”。我根据他的这一观察并在爱德华·萨义德著作的启发下在论文中提出一个观点：美国人对中国的想象和认知与其说与中国现实有关，还不如说主要与美国人的世界有关，主要反映了美国人自己的欲望、抱负和恐惧以及对自身国家地位与命运的种种设想。史景迁对此表示赞同。后来我发现，美国著名华裔剧作家、百老汇歌剧《蝴蝶君》的作者黄哲伦（David Henry Hwang）在评论史景迁的《大汗之国：西方人眼里的中国》（*The Chan's Great Continent*：*China in Western*

Minds）时，也提出类似的看法："史景迁横跨几个大陆和世纪的描述证明了，西方的中国观与其说是在描述一个异国，不如说主要是展现（西方）观察者自己的愿望。"（该书封底）

我们还谈到了他的妻子金安平女士。史景迁说，金安平祖籍满洲，出生在台湾，但她认为自己是东北人，并称东北是中国最好的地方。我告诉他，我就是东北人，而且与金女士是辽宁同乡。他说："那太好了，下次一起吃饭，你们可以谈东北文化。"我问他是否去过东北，他说还没有去过，但已经计划转年 8 月份在北京看完奥运会后，由北大的研究生陪同去东北看一看。

我问史景迁教授，有人说他退休后有意到北大任教。他说："不会的，也就是做几次讲座，北大有那么多优秀的中国史家，我哪敢去啊！"我表示如果他到北大任教，会受到非常热烈的欢迎。

最后我问他在学术上那么多产，有没有什么秘诀。他想了一下说，大概是因为他比较专注于研究和写作吧，自己有一些想法就喜欢用文字表达出来。他不愿意用电脑和接发邮件，而宁可使用老式打字机或手写，1998 年出版的《大汗之国》就是手写的。

不久之后，我在耶鲁校园北侧的一家中餐馆与金安平女士一起吃饭，其间聊起东北的一些风土人情、北大的一些往事和历史系的情况。她表示对北大—耶鲁的交流项目很满意，只是耶鲁学生去北大的积极性并不高，有些遗憾。我对她操持该项目，特别是对学生无微不至的照顾表达了谢意。当时我们还谈及国际文化交流的意义，我提到中国近年来很重视对外文化交流，特别是中国文化"走出去"。记得当时金老师提醒说，传播文化的目的应该是促进相互理解。这无疑是一位亲身参与国际文化交流学者的灼见，也是北大—耶鲁交流项目的核心目标。我深以为然。

在耶鲁的后半年，我的博士生张晓莉受该项目资助也在耶鲁访学。耶鲁方面给她安排的住宿条件非常好，与另外一位来自北大艺术学院的学生共住有两个卧室的套房，套房里还有很大的客厅和厨房。而我租住的是一单间公寓，有单独的厨房和卫生间，但没有客厅，无法招待客人。我回国前，借用晓莉居住的“豪华”套房请我在耶鲁的合作教授、大名鼎鼎的冷战史泰斗约翰·加迪斯教授吃饺子，加迪斯夫妇对我们自己包的饺子赞不绝

图2　王立新（左）、约翰·加迪斯（中）、托尼·多夫曼（加迪斯夫人）（右）

口，虽然不无客气的成分，但看得出，他们还是很喜欢吃的，并称在中国餐馆也吃过，但没有这么好吃。他们夫妇还特别爱吃我们做的两个炒菜——青椒木耳和麻婆豆腐。加迪斯夫人说，加迪斯可不是一个好厨师，只会煮咖啡。我说自己也不是一个好厨师，在家很少做饭，只是做饺子还可以。借助北大—耶鲁交流项目提供的风水宝地，我这位厨艺极差的中国学者让耶鲁的大牌教授体验了一下中国的美食，也算是这一项目对中美文化交流的另一贡献吧。

北大—耶鲁交流项目结束于2017年，半年后中美关系开始发生巨变，富布赖特项目已经中断近三年，中美之间其他文化交流项目也受到两国关系的严重影响，这无疑是非常令人痛心的。中国古语有云："以利相交，利尽则散；以势相交，势败则倾；唯以心相交，方能成其久远。"这段话虽然是就人际关系而言的，但也适用于国际关系。国与国之间的"以心相交"，主要体现在人员往来，也就是人文交流之中。密切的人员往来会促进相互理解，实现真正的民心相通，这是国家间友好关系长久延续的基础。多位参与者的温馨回忆表明，北大—耶鲁项目无疑是让两国学者和学生"以心相交"的交流项目，是改革开放以来中美密切的人文交流的缩影。国与国之间的关系归根结底体现的是人与人之间的关系，中美关系目前虽然经历着巨大的困难，但我相信，包括北大—耶鲁项目在内的中美长达四十多年的人文交流所带来的两国人民之间的相通相知终将发挥作用，成为未来中美关系走出困境、实现柳暗花明的民意基础。

北大—耶鲁项目杂忆

| 李剑鸣 |

几天前接到大勇兄的电话，称正给北大—耶鲁博士生交流项目编一本纪念文集，要我也写一篇。为了唤醒我对相关事情的记忆，帮助我找到一点写作的感觉，大勇还特意把已汇拢的文章发给我。翻开目录一看，发现作者里竟有一半的名字是我所熟悉的。这主要是由于我曾多次参与这个项目的面试，文集的作者大多就是当时选拔出来的，我对他们的申请计划和面试情况多多少少还留有一些印象。

记得是我到北大入职一两年以后，当时担任系主任的大勇找到我，要我参加北大—耶鲁博士生交流项目的遴选工作。一开始，我对这个项目了解甚少，只知道是每年选拔几个在读的博士生去耶鲁，在那里做几个月的研究。此后每年项目一启动，大勇都会叫我参加遴选委员会，面试的地点有时在勺园，有时在临湖轩。大家都正襟危坐，程序一丝不苟，气氛显得正式而严肃。对于参加面试的候选人，不仅要考察他们的英语能力，而且重点看他们的研究课题与耶鲁的相关度，优先选择那些只有去耶鲁才能做好研究的学生。面试时的工作语言是英语，主要是听学生阐述自己的课题以及去耶鲁的必要性。每次参加面试的候选人都有好几位，因此有很强的竞争性。大勇比较重视选拔学生的专业多样性，录取的人来自多个院系，只是历史学系学生所占的比例略高而已。

相比其他院校，北大博士生出去交流和学习的机会相当多，除了国家留学基金和富布赖特基金，各种校际交流项目也为数甚多。但是，北大—耶鲁项目有它非同寻常的地方。据我了解，这个项目的由来和运作，主要依靠三个人。在耶鲁方面是史景迁夫妇，在北大方面就是大勇。我跟史景迁夫妇只见过一两面，也不曾深谈，对耶鲁方面的情况所知无多。在北大方面，大勇作为主事者，为此花费了多少心力，我还是有一点发言权的。每次都是他与耶鲁和北大国际部沟通，组织遴选委员会，掌握面试程序。他觉得这是一件颇有意义的事情，愿意为此付出时间和精力，并希望它能够长期延续下去。不过，大勇心里也很清楚，在史景迁先生从耶鲁退休以后，这个项目很可能难以为继。于是，他开始设法寻找新的途径。有一次，耶鲁的加迪斯教授来访，在接待聚餐时，大勇特意安排我坐在加迪斯旁边，并要我找机会跟他谈谈合作的可能性。大勇还告诉我，北大—耶鲁项目就是在类似的场合谈成的。席间我倒是几次向加迪斯教授提起这方面的话题，但他都没有接茬儿。当时他一直在兴致勃勃地谈他的“大战略”，我实在没有办法转移他的注意力。我想，主要原因还是我缺乏沟通的技巧，也不懂得恰当地把握时机。大勇当初能争取到和耶鲁合作的机会，靠的显然是他的沟通艺术，尤其是一定要做成一件事的决心和努力。

北大—耶鲁项目的另一个特别之处，是史景迁夫妇的倾力投入。我听从耶鲁回来的同学谈起，他们抵达纽黑文，通常是史景迁先生或金安平老师亲自去接，帮助他们安顿和适应环境，中间还请他们聚餐，或者参加其他活动。我听后不免惊叹不已。这一方面因为史景迁先生是地位极高的大学者，居然如此细心费力地关照来自异国的学生；另一方面，他年事渐高，事务繁杂，能为这些“小事”分出精力，也真是难以想象的。我暗想，要是我自己处在类似的情况下，恐怕不会舍得花费那么多的时间和精力。

耶鲁当然也是这个项目吸引人的地方。作为新英格兰地区的“古老”学府，耶鲁的学术资源和研究环境，对于人文学者来说自是求之不得的。在我个人的研究领域，耶鲁就是一个令人向往的地方。先后在那里执教的艾德蒙·摩根教授、约翰·迪莫斯教授、乔安妮·弗里曼教授，都是这个领域造诣颇深、成就卓著的大学者。耶鲁图书馆富于收藏，关于美国早期的文献极为丰富且颇有特色，此外还有专门的美国革命史资料中心。我在北大指导的博士生，有两三位通过这个项目去耶鲁做研究。他们借助那里优越的条件，写成了高水平的博士学位论文。

其中一位同学以早期的“被俘者叙事”为题材，讨论美国早期国族认同形成的复杂性，无论是题材、史料还是解释框架，都有足可称道之处，在那几年的美国史博士论文里，应是上乘之作。记得立新兄在回顾建国七十年美国史研究的文章中，专门以这篇论文为例来谈博士生培养水平的提高。另一位同学研究美国废奴运动与反奴隶制政治，从耶鲁回来后写出的学位论文，也得到了很高的评价。从这篇论文里抽取的一部分，发表在《历史研究》上，后来还获得“杨生茂美国史最佳青年论著奖”的最佳论文奖。

大勇在电话里还提到，这虽然是一个双向交流的项目，但耶鲁派来北大的研究生为数不多，而从北大去耶鲁的学生每年都有两三个。这样几乎就成了耶鲁单方面的付出，而北大的学生则是最大的受益者。从这里我不由联想到，过去几十年里，我们这些从事美国研究的人，从美国的大学和学者那里获得的裨益，也真是不可胜说。我们给美国教授写信，寻求各种形式的帮助，尽管此前并不相识，但通常能都收到他们的回信。我在写《伟大的历险：西奥多·罗斯福传》时，曾给纽约奥伊斯特湾的西奥多·罗斯福协会写信，他们很快就寄来了我需要的资料。1992年在威海开会时，我遇到了俄克拉荷马大学的杰罗姆·斯蒂芬教授，顺口提到自己正涉猎印第安人的历史，他回去以后就给我寄来了一大箱书。后来，出于多种缘故，我先后给哈佛的伯纳德·贝林教授、约翰斯·霍普金斯大学的彼得·奥努夫教授、威廉—玛丽学院的罗纳德·霍夫曼教授等大学者写过信。此前我跟他们都没有私交，也未经人引荐，而他们都很友好地写了回信。现在提及这些琐事，只是想表达一个想法，即我们在各自的学术之路上，或多或少都曾得到美国同行的慷慨扶助。如果没有这一点，我们恐怕走不了这么远。近年来，我也经常收到一些来自亚非国家的求学邮件，但基本上都不敢回复。当初我们贸然给美国学者写信求助时，处境大约与这些亚非国家的学生差不多，而得到的回馈却有天壤之别。相较之下，不免让人心生愧意。

虽然北大—耶鲁项目结束了，但它留在参与者心里的记忆是十分美好的。我粗略读过大勇发来的回忆文章，每一篇都有打动人的地方，连我这个没有去过耶鲁的人，也有身临其境的感觉。于是，我们不免十分怀念史景迁先生，对大勇兄和金安平老师等主持其事的人，也抱有深深的感戴和敬佩之情。